Pequeno tratado em louvor de Dante ou
Vida de Dante

GIOVANNI BOCCACCIO

Pequeno tratado em louvor de Dante ou
Vida de Dante

Tradução de
GONÇALO DE BARROS CARVALHO E MELLO MOURÃO

Texto de acordo com a nova ortografia.
Título original: *Trattatello in laude di Dante*
Tradução: Gonçalo de Barros Carvalho e Mello Mourão
Capa: Ivan Pinheiro Machado sobre a pintura "Retrato de Dante" (1495), 47 x 54 cm, têmpera sobre madeira, de Sandro Botticelli. Coleção particular, Genebra, Suíça.
Preparação: Guilherme da Silva Braga
Revisão: Já Saldanha

CIP-Brasil. Catalogação na publicação
Sindicato Nacional dos Editores de Livros, RJ

B643p

    Boccaccio, Giovanni, 1313-1375
    Pequeno tratado em louvor de Dante ou vida de Dante / Giovanni Boccaccio; tradução Gonçalo de Barros Carvalho, Mello Mourão. – Porto Alegre [RS]: L&PM, 2021.
    152 p. ; 21 cm.

    Tradução de: *Trattatello in laude di Dante*
    ISBN 978-65-5666-196-4

    1. Dante Alighieri, 1265-1321. 2. Poetas italianos - Biografia. 3. Dante Alighieri, 1265-1321 - Crítica e interpretação. 4. Dante Alighieri, 1265-1321. Divina Comédia. I. Carvalho, Gonçalo de Barros. II. Mourão, Mello. III. Título.

21-72827		CDD: 928.51
		CDU: 929:821.131.1

Camila Donis Hartmann - Bibliotecária - CRB-7/6472

© da tradução, L&PM Editores, 2021

Todos os direitos desta edição reservados a L&PM Editores
Rua Comendador Coruja, 314, loja 9 – Floresta – 90.220-180
Porto Alegre – RS – Brasil / Fone: 51.3225.5777
Pedidos & Depto. comercial: vendas@lpm.com.br
Fale conosco: info@lpm.com.br
www.lpm.com.br

Impresso no Brasil
Primavera de 2021

Sumário

Apresentação
Gonçalo de Barros Carvalho e Mello Mourão 7

Pequeno tratado em louvor de Dante 19
   I. Introdução 21
   II. Pátria e antepassados de Dante 25
   III. Seus estudos 29
   IV. Obstáculos que encontrou Dante
      em seus estudos 32
   V. Amores de Dante 33
   VI. Dor de Dante pela morte de Beatriz 36
   VII. Digressão sobre o casamento 39
   VIII. Vicissitudes opostas da vida pública
      de Dante 44
   IX. Como a luta das facções o envolveu 45
   X. Maldiz-se a condenação injusta ao exílio 48
   XI. A vida do poeta exilado, até a vinda à
      Itália de Henrique VII 50
   XII. Dante hóspede de Guido Novelo de Polenta 53
   XIII. Sua perseverança no trabalho 54
   XIV. Grandeza do poeta na língua italiana.
      Sua morte 55
   XV. Sepultura e honras fúnebres 57

XVI. Competição de poetas para o epitáfio
de Dante 58
XVII. Epitáfio 60
XVIII. Repreensão aos florentinos 62
XIX. Breve recapitulação 69
XX. Traços físicos e costumes de Dante 70
XXI. Digressão sobre a origem da poesia 76
XXII. Defesa da poesia 80
XXIII. Do louro concedido aos poetas 86
XXIV. Origem desse costume 88
XXV. Caráter de Dante 90
XXVI. Das obras compostas por Dante 95
XXVII. Recapitulação 107
XXVIII. Ainda o sonho da mãe de Dante 108
XXIX. Explicação do sonho 109
XXX. Conclusão 116

Notas 117

Sobre o autor 150

Sobre o tradutor 151

Apresentação

Gonçalo de Barros Carvalho e Mello Mourão

Quando Giovanni Boccaccio, aos 37 anos, escreveu a primeira e mais longa versão deste *Pequeno tratado em louvor de Dante*, por volta de 1351, Dante Alighieri havia morrido apenas trinta anos antes. Sua fama já era grande, sobretudo devido à *Divina comédia*, de que cópias manuscritas circulavam de mão em mão (a imprensa só seria inventada um século mais tarde). Mas essa fama era dúbia, pois muitos, por um lado, condenavam Dante por ter escrito obra de assunto tão elevado em linguagem popular, a "língua vulgar", o italiano que Boccaccio aqui chama de "nosso idioma florentino", e não em latim – e dentre estes figurava, inicialmente, o próprio Petrarca; enquanto outros, por outro lado, criticavam-no por suas ideias e sua conduta políticas: Dante foi condenado à morte em Florença, sua casa foi saqueada e, em Bolonha, seu livro *Monarquia* foi queimado em praça pública por autoridades do momento.

Boccaccio admirava Dante – e especialmente a *Comédia* – desde seus primeiros estudos, e o admirou durante toda a vida, tendo morrido em meio à elaboração de vastos comentários sobre o grande poema, de que fazia leituras públicas em Florença, por conta da comuna, na igreja de Santo Estêvão de Badia: foi seu primeiro grande comentador.

Porém, mais do que admirá-lo, Boccaccio foi o primeiro a entender o alcance, a grandeza e a singularidade da obra de Dante.

Este *Pequeno tratado em louvor de Dante* demonstra, de maneira singela, aquela admiração e aquele entendimento. Nele se vê, por primeira vez associada ao poema, aquela qualificação que depois já não mais se dissociaria dele: divina. *Divina comédia* o chama aqui Boccaccio, não apenas como um qualificativo encomiástico mas como uma justificativa racional de toda a admiração que tinha pelo poema. Boccaccio realiza, pela primeira vez desde a antiguidade, neste *Pequeno tratado* e, mais tarde, em seus *Comentários à Divina comédia,* uma crítica a uma obra literária valendo-se de todas as formas de interpretar que até então apenas se aplicavam às Sagradas Escrituras. Tão extraordinária era a obra de Dante para ele que sua compreensão somente poderia ser abarcada em sua integralidade se utilizados todos os instrumentos críticos e exegéticos destinados à interpretação das Sagradas Escrituras.

Mas Boccaccio vai além neste seu *Tratado.* Se a obra dantesca era extraordinária, o poeta também o era, mas não era um santo nem um varão de Plutarco. Boccaccio traça uma biografia em que registra a grandeza do poeta, mas também os defeitos que via no homem Dante Alighieri: uma certa luxúria, uma extremada paixão política, um comportamento algo ranzinza. Foi esta também uma inovação, em um mundo onde se faziam apenas biografias de santos impolutos ou de guerreiros sem mácula. E mais: para escrever seu livrinho, Boccaccio procura pessoas que lidaram com Dante, a fim de colher depoimentos idôneos e poder realizar, assim, uma obra o mais possível verídica. Dessas entrevistas terá guardado, por exemplo, a notícia, que é o único a nos transmitir, sobre a família de Beatriz, quando registra ter sido ela uma das filhas do banqueiro e benemérito florentino Folco Portinari; ou a curiosa anedota das mulheres que diziam que Dante estivera mesmo passeando pelo Inferno, pois era muito bronzeado.

Boccaccio foi um homem de três épocas e as viveu, intelectualmente, de maneira intensa. Sentiu as forças da Idade Média, vislumbrou a amplidão do Renascimento e transitou entre as duas, fundindo-as muitas vezes e pendendo, ora para lá, ora para cá. Assim, com a mesma satisfação com que enviaria a Petrarca um códice com as *Enarrationes in Psalmos* [*Comentários aos salmos*], de Santo Agostinho, recuperaria, na Biblioteca de Montecassino, a obra licenciosa de Apuleio. Disso também é exemplo este *Pequeno tratado*, em que a força religiosa e moral do cristianismo ombreia com a novidade da riqueza deslumbrante da cultura greco-romana; em que o poder oracular dos sonhos convive com a *realpolitik* dos embates entre o papado e o império.

Boccaccio tudo aceita e tudo conjumina: talvez não por acaso, seria designado uma dezena de vezes por Florença para desempenhar funções diplomáticas junto a outras cidades e potentados, papas e reis. Expressão máxima dessa fusão civilizatória é, sem dúvida, a definição a que chega neste *Pequeno tratado*, ao aproximar a poesia da teologia, quando diz: "Fica, portanto, bastante claro não somente que a poesia é teologia mas também que a teologia é poesia. [...] E digo mais, que a teologia nada mais é que uma poesia de Deus".

A essa poesia de Deus, Boccaccio compara o poema de Dante e, sobre o próprio Dante, poderá então dizer: "Se me fosse permitido eu diria que ele foi um Deus na terra". Por isso, também, este *Pequeno tratado* não é apenas uma "Vida de Dante", mas, muito explicitamente, um "louvor de Dante". E um louvor que Boccaccio quis amplo e acessível a todos, não somente aos literatos e letrados de sua época entre os quais circulava o saber, mas também ao povo em geral. E, por isso, escreve sua biografia não em latim, mas em italiano, aquele "nosso idioma florentino" no qual ele estava, pela mesma época, acabando de escrever o *Decameron*. E para maior edificação dos que o lerem, escreve dentro de todas as regras da melhor retórica de seu tempo, com exórdio, excursos, apêndice e conclusão, em um italiano cuja sintaxe e estilo são não só elegantes, mas expressos com requintes da eloquência da época.

Muito mais se sabe hoje sobre Dante, naturalmente, do que quanto nos diz aqui Boccaccio em seu breve *Tratado*. Mas sua quase contemporaneidade com Dante, seu contato com pessoas que conviveram com o poeta, seu entusiasmo incontido pela obra dantesca, sua admiração sem limites pela *Comédia*, que ele foi o primeiro a chamar de "divina", as interpretações fascinantes que elabora sobre aspectos da vida e da obra de Dante, a simpatia amorosa pelo poeta, a certeza com que o contempla, a apenas trinta anos de sua morte, como um marco inigualável e fundacional da nascente literatura italiana, a certeza inquestionável de estar diante de algo divino, fazem deste *Pequeno tratado em louvor de Dante* uma pequena obra-prima, ela também, permanente.

Alguns dados biográficos de Giovanni Boccaccio

Tanta é a fama de Boccaccio que com facilidade se podem encontrar biografias ou breves dados biográficos seus aqui ou ali. Arrisco alguns dos traços mais pertinentes para a construção de uma imagem sua.

Giovanni di Boccaccio nasceu em 1313, em Florença ou numa localidade próxima chamada Certaldo, não se sabe em que dia de junho ou julho.

Seu pai, Boccaccino di Chelino, o tivera antes de casar-se, com uma mulher cujo nome se perdeu. Pouco antes de casar-se, perfilhou-o. Teve um outro filho, Francesco, com sua primeira mulher, Margherita dei Mardoli, e, após a morte desta, casou-se com Bice dei Bostichi. Boccaccino era rico comerciante e banqueiro e atingiria altas funções governamentais em Florença.

Em 1327, Boccaccino se muda com a família para Nápoles, como representante da importante firma bancária dos Bardi, com a qual trabalhava e que era um dos sustentáculos financeiros da dinastia de Anjou, que reinava em Nápoles. Quatro anos depois, o pai parte para Paris, mas Boccaccio permanece em Nápoles, onde estuda direito e se relaciona com o poeta Cino de Pistoia, que fora amigo de Dante e dava aulas naquele curso. Nasce ali, seguramente, a admiração por Dante, que levaria pela vida a fora. Até 1340, Boccaccio frequenta o ambiente intelectualmente rico da corte napolitana do rei Roberto de Anjou e lá compõe, além de alguns poemas em latim, sua primeira obra em italiano, "A caça de Diana", a que logo se seguem "Filostrato", "Filocolo" e um poema épico, "Teseida"; neste último, adota as estrofes de oitavas em decassílabos, que teria inventado e que se consagrariam como a forma universal das epopeias, até depois de Camões. Ainda em Nápoles, toma conhecimento, por intermédio do famoso teólogo padre Dionísio do Burgo Santo Sepulcro, da obra de Petrarca, com quem pouco mais tarde travaria relações de intimidade intelectual que o marcariam por toda a vida. Ainda em Nápoles, traduziu Valério Máximo e as duas primeiras *Décadas* de Tito Lívio.

Entre 1340 e 1341, regressa a Florença, em virtude de dificuldades financeiras de seu pai, e ali permanece até 1346. Nesse período escreve a "Comédia das Ninfas", a "Amorosa visão" – que mais tarde inspirará Petrarca a escrever seus "Triunfos" – a "Elegia de Madona Fiammetta" e o "Poema das Ninfas Fiesolano".

Entre 1346 e princípio de 1348, retira-se de Florença por motivos financeiros e reside em Ravena e em seguida em Forlí. Ao senhor de Ravena dedica sua tradução das terceira e quarta *Décadas* de Tito Lívio e, em Forlí, começa a escrever églogas em latim, das quais comporia dezesseis ao longo dos anos, que reuniria mais tarde em seu *Buccolicum Carmen* [Obra bucólica].

Em 1348, está de volta a Florença quando a cidade é assolada pela peste, em março e abril. Cerca de dois terços dos habitantes morreriam, entre os quais sua segunda madrasta e, em seguida, seu pai. Nessa época nasce sua filha Violante, que morreria antes de completar seis anos e de quem Boccaccio se lembraria comovidamente em sua égloga XI e em uma carta a Petrarca.

Entre 1349 e 1351, instalado em Florença, escreve sua obra-prima, o *Decameron*, marco narrativo na literatura mundial. Sempre voltado para Dante, que compôs a *Divina comédia* em cem cantos, o *Decameron* constaria também de cem capítulos.

Em 1350, ocorrem dois acontecimentos marcantes em sua vida: encarregado pela comuna de Florença, vai a Ravena entregar à filha de Dante, Antônia, que se fizera monja com o nome de irmã Beatriz, dez florins de ouro como compensação pelos padecimentos e confisco de bens de seu pai; por outro lado, encontra-se pela primeira vez com Petrarca, com quem já se correspondia e que, dirigindo-se a Roma, passa por Florença, onde Boccaccio o hospeda por alguns dias.

A partir de 1351 e até sua morte, seu prestígio em Florença é crescente. Desde este ano – em que é feito representante da cidade em um diferendo com Nápoles sobre o domínio de Prato – até 1367 – quando é enviado como embaixador a Roma para saudar o retorno do papa, que deixara Avignon provisoriamente –, Boccaccio é enviado pela cidade em cerca de dez outras missões diplomáticas junto a outras cidades, papas e reis.

Entre 1351 e 1355, escreveria este *Pequeno tratado em louvor de Dante*.

De 1351 até sua morte, à exceção do *Pequeno tratado* e do "Corbaccio" ou "Labirinto de amor", comporia apenas obras em latim, de caráter enciclopédico, que, assim como o *Decameron*, teriam grande repercussão na Itália e na Europa renascentista: "*De casibus virorum illustrium*" [Sobre o destino dos homens ilustres], "*De mulieribus claris*" [Sobre as mulheres famosas], "*De montibus, silvis, fontibus, lacubus, fluminibus, stagnis seu paludibus et de nominibus maris liber*" [Livro sobre os montes, selvas, fontes, lagos, rios, brejos ou pauis e sobre os nomes dos mares] e a "*Genealogia deorum gentilium*" [Genealogia dos deuses dos gentis].

Nunca esquecera o fascínio de Nápoles e por pelo menos duas vezes, em 1355 e em 1362, tenta obter um cargo relevante na corte napolitana, em vão.

Em 1360, Boccaccio patrocina um fato marcante para o florescimento da Renascença na Europa: a criação da primeira cátedra de grego no Ocidente, entregue a Leôncio Pilato, a quem hospeda em sua casa por cerca de dois anos, estuda grego com ele e o encarrega de realizar a primeira tradução que a Europa conhecerá da *Ilíada* e da *Odisseia* em latim.

Em 1373 e 1374, um ano antes de morrer, recebe da comuna de Florença a incumbência de realizar leituras públicas de comentários à *Divina comédia*, que têm lugar na igreja de Santo Estêvão de Badia. A memória de Dante era ainda polêmica em Florença, por seus aspectos literários, políticos e teológicos, e as leituras se encerram abruptamente nos comentários ao canto XVII do *Inferno*.

Um ano depois, em 21 de dezembro de 1375, Boccaccio morre em sua casa em Certaldo, localidade próxima de Florença, aos 62 anos.

Esta tradução

Utilizei para esta tradução os textos que constam das seguintes três edições:

Trattatello in Laude di Dante, editado por Bruno Maier e publicado pela Rizzoli, Milão, 1965;

Vita di Dante, editado por Paolo Baldan e publicado pela Moretti & Vitali Editori, Bergamo, 1991 (que reproduz o texto fixado por P. G. Ricci e publicado nas *Obras completas* a cargo de Vittore Branca, Mondatori, Milão, 1974); e

Trattatello in Laude di Dante, editado por Luigi Sasso e publicado pela Garzanti, Milão, 1995 (que reproduz o mesmo texto de P. G. Ricci referido acima).

Tanto as introduções como as notas dessas três edições, assim como as da tradução espanhola *Vida de Dante*, traduzida e editada por Carlos Alvar e publicada pela Alianza Editorial, Madrid, 1993 (e que também se baseia no mesmo texto fixado por P. G. Ricci), serviram de algum modo para ilustrar muitas das notas que acrescento a esta minha tradução: sou-lhes devedor.

Adoto o título de *Pequeno tratado em Louvor de Dante*, como muitos outros, e não o de "Vida de Dante". Sigo nisto o que o próprio Boccaccio diz, na introdução de seus *Comentários sobre a Comédia de Dante*, depois de referir alguns dados sobre o Poeta: "Mas considerando que já escrevi sobre essas coisas em seu louvor um pequeno tratado [*scrissi in sua laude un trattatello*], não falarei mais sobre isso aqui".

Para facilitar a leitura, adotei as separações em capítulos, conforme estabelecidas por Bruno Maier na sua edição referida acima; o códice 104.6, da Biblioteca Capitular de Toledo, escrito pelo próprio Boccaccio e que contém o texto base deste *Tratado*, traz o texto corrido. O escrito não tem título no códice, mas é encabeçado pela informação, em latim: "*De origine, vita, studiis et moribus viri clarissimi Dantis Aligerii florentini, poete illustris, et de operibus compositis ab eodem, incipit feliciter*" – "Aqui alvissareiramente começa o livro sobre as origens, vida, estudos e costumes do preclaro homem florentino Dante Alighieri, poeta ilustre, e sobre as obras compostas por ele"; e, do mesmo modo, termina com a informação, em latim: "*De origine, vita, studiis et moribus viri clarissimi Dantis Aligerii florentini, poete illustris, et de operibus compositis ab eodem, explicit*" – "Aqui termina o livro sobre as origens, vida, estudos e costumes do preclaro homem florentino Dante Alighieri, poeta ilustre, e sobre as obras compostas por ele".

Esta tradução teve como primeira preocupação apresentar um texto de fácil leitura para o leitor de hoje. Para melhor explicar essa decisão, transcrevo, a seguir, o que seria o primeiro parágrafo, se tivesse pretendido uma tradução rigorosa, dentro, inclusive, de uma rígida sintaxe portuguesa e de uma estrita proximidade vocabular com o original:

Sólon, cujo peito um humano templo de divina sabedoria foi reputado e cujas sacratíssimas leis são ainda aos atuais homens claro testemunho da antiga justiça, tinha, segundo dizem alguns, o hábito diversas vezes de dizer toda república, assim como nós, andar e se apoiar sobre dois pés; dos quais, com madura autoridade, afirmava ser o direito não deixar nenhuma culpa cometida impune e o esquerdo, todo bem feito recompensar; acrescentando que, qualquer das duas coisas ditas por vício ou negligência faltando, ou não muito bem se cumprindo, sem dúvida alguma aquela república, que assim procedesse, teria que andar coxeando; e se por desgraça pecasse em ambas, tinha por quase certo não poder ela se sustentar de nenhuma maneira.

Fiz, portanto, algo próximo ao que Paolo Baldan fez em sua edição referida acima, que, ao texto original de Boccaccio, agrega um *aggiornamento* em italiano contemporâneo para benefício dos leitores modernos. Digo algo próximo, porque procurei guardar, em minha tradução, a maior proximidade vocabular possível – e mesmo sintática – com o texto de Boccaccio. Para que o leitor compreenda melhor essa observação, transcrevo uma tradução literal do *aggiornamento* de Baldan do mesmo primeiro parágrafo já transcrito acima, onde se podem notar algumas liberdades interpretativas que preferi evitar:

"Sólon, que era tido como o depositário humano da sabedoria divina e cujas sacrossantas leis constituem também para nós um claro testemunho da bondade da justiça antiga, gostava de dizer, segundo dizem alguns, que os Estados, assim como os homens, andam e se firmam usando dois pés; destes, afirmava com ponderação madura, o direito consistia em não deixar impune nenhuma falta culpável, o esquerdo em premiar toda benemerência. E acrescentava que no momento em que, voluntariamente ou por incúria, alguma coisa faltasse aos dois modos operativos ou sua eficácia fosse diminuída, o Estado responsável por isso terminaria inevitavelmente por coxear. Se ainda por cima, infortunadamente, ambos os modos de agir de um Estado se apresentassem como errados, então achava que ele não se poderia mais aguentar de pé."

As notas breves ao texto pretendem apenas contribuir para um maior desfrute na leitura, ora situando um acontecimento, ora esclarecendo uma referência, ora chamando atenção para alguma conotação não tão clara.

*

Traduzir é algo como dançar uma valsa. Precisamos estar o mais próximo possível de nosso par e percorrer o mesmo espaço, às vezes com os mesmos passos, às vezes com outros, que permitam à dança continuar. Ler também é: espero que o leitor encontre nesta tradução um bom par para uma dança gostosa.

Esta tradução, feita quando possível em Copenhague, Lisboa, Brasília e Genebra, é dedicada aos poetas Godofredo e Juan Pablo Iommi Amunátegui.

Pequeno tratado em louvor de Dante

*De origine, vita, studiis et moribus viri clarissimi
Dantis Aligerii Florentini, poete illustris,
et de operibus compositis ab eodem, incipit feliciter.*

[Aqui alvissareiramente começa o livro sobre as origens, vida, estudos e costumes do preclaro homem florentino Dante Alighieri, poeta ilustre, e sobre as obras compostas por ele.]

I

Introdução

Sólon[1], que era considerado um templo humano de sabedoria divina e cujas leis sagradas são ainda para os homens de hoje um testemunho claro da justiça antiga, costumava dizer, segundo contam alguns, que todos os Estados, à semelhança dos homens, andam e se apoiam sobre dois pés. Com a autoridade da experiência que tinha, afirmava que o pé direito era não se deixar nenhuma culpa sem punição e o esquerdo, recompensar todo o bem. E acrescentava que se qualquer um dos dois falhasse, ou por defeito ou por negligência, ou porque não se desempenhasse muito bem, sem dúvida alguma o Estado em que isto acontecesse andaria coxeando; e se, por infelicidade, ambos falhassem, tinha certeza então de que ele não se poderia sustentar de maneira nenhuma.

Guiados, assim, por aquela máxima tão louvável quanto verdadeira, muitos povos ilustres e antigos honravam os homens de valor de acordo com seus méritos, algumas vezes divinizando-os, outras elevando-lhes estátuas de mármore, outras construindo-lhes grandiosas sepulturas, às vezes com um arco do triunfo ou então coroando-os com louros. Não vou me preocupar em descrever, por outro lado, os castigos aplicados aos culpados. Através daquelas honrarias e punições, prosperaram o Estado assírio, o macedônio, o grego e mais recentemente o romano, atingindo com seus feitos os confins da terra e com sua fama as estrelas. Mas os rastros daqueles tão altos exemplos são mal seguidos por seus atuais sucessores – sobretudo por meus concidadãos florentinos[2] –, os quais tanto se desviaram deles que todo prêmio devido à virtude é dado à ambição. Por isso, como qualquer um pode ver se observar sem paixão, o que ocorre é que os maus e perversos são elevados aos melhores cargos e recebem as maiores honrarias e os bons são expulsos, diminuídos e humilhados; e isso tudo, para nossa grande tristeza. Qual fim o juízo de Deus reserve a isso é preocupação para os que manejam o timão dessa nave, porque nós, o povo miúdo, somos levados pela correnteza, parceiros no destino mas não na culpa. Embora isso tudo se possa demonstrar com o exemplo de infinitas ingratidões e de cínicos perdões aparentes, vou contar apenas um caso, para não mostrar muito os nossos defeitos e para chegar logo ao fim que pretendo. E esse caso não é coisa pouca nem pequena: vou lembrar o exílio do ilustríssimo homem que foi Dante Alighieri. Cidadão nascido de família antiga, boa e conhecida[3], as coisas todas que fez mostram bem e mostrarão o quanto teria merecido por sua virtude, sua sabedoria e boas obras; se tivesse feito tudo aquilo em um Estado justo, não há dúvida de que lhe teriam sido outorgadas altíssimas recompensas.

Ó, pensamentos pérfidos, ó, ação desonesta, ó, exemplo miserável e clara indicação de ruína futura! Em vez de recompensas, foram-lhe dadas com falsas acusações uma condenação injusta e insensata, o banimento perpétuo, a alienação dos bens paternos e – como se fosse possível fazê-lo – o deslustre da gloriosíssima fama. Disso tudo sobrou ainda algum vestígio, pelos rastros de sua fuga, por seus ossos sepultados em terra alheia e por sua prole dispersa pela casa dos outros.[4] Se fosse possível esconder dos olhos de Deus, que veem tudo, todas as outras iniquidades dos florentinos, não bastaria apenas esta para provocar sobre eles sua ira? Certamente. Creio que é justo calar aqui sobre quem foi exalçado sem o merecer. Tanto que, se olharmos bem, veremos que o mundo atual não somente saiu do caminho seguido pelo antigo, mas se dirigiu para um lado completamente oposto. Parece, então, bastante claro que, se nós e os demais vivemos em um mundo semelhante e continuamos de pé sem cair, contrariando a citada máxima de Sólon, deve-se isto a que a natureza das coisas está mudada pelo hábito contínuo – o que vemos acontecer com frequência – ou a que Deus assim o mantém, contra toda opinião humana, em virtude dos méritos de algum passado nosso ou por sua própria paciência, esperando talvez por nosso agradecimento. Se esse agradecimento não vier, não resta dúvida que sua ira, que caminha com passo lento em direção à punição, trará sobre nós tormentos tão mais graves que compensarão plenamente aquela demora. Mas se as coisas malfeitas nos parecem impunes, cabe a nós não apenas fugir delas, mas também tratar de emendá-las, fazendo o bem. Tenho consciência de pertencer, eu mesmo, embora como parte pequena, àquela mesma cidade da qual Dante Alighieri foi parte grandíssima, por seus méritos, nobreza e virtudes, e por isto estou obrigado a honrá-lo, tanto quanto os demais cidadãos. Embora eu não seja capaz de muito, vou tentar fazer, de acordo com minha pouca capacidade, o que aquela cidade magnificamente deveria ter feito por ele; não com uma estátua ou uma sepultura egrégia, o que não é mais hábito fazer entre nós, nem minhas forças bastariam para tanto, mas com letras, pobres para tamanha empresa. É o que tenho e é o que vou dar para que não se possa dizer entre as nações estrangeiras que com tamanho poeta foi ingrata sua pátria. E vou escrever em estilo bastante fácil e simples – mesmo porque um mais alto não me consente o talento – e em nosso idioma florentino – de modo a não discrepar do que ele usou na maior parte de sua obra – sobre aquelas coisas que ele, por modéstia, calou sobre si próprio: a nobreza de suas origens, sua vida, seus estudos, seus costumes. E vou resumir, em seguida, em um capítulo, as obras que ele compôs, nas quais com tanto brilho se entregou aos pósteros que talvez minhas palavras lhes tragam mais trevas que esplendor, ainda que não seja minha intenção nem meu desejo. Será sempre um prazer para mim, aqui e em qualquer outro lugar, ser corrigido, em algum erro em que eu incorra, por alguém que saiba mais do que eu. E para que isso não aconteça, rogo humildemente Àquele que o levou por tão alta escada a vê-Lo, como é sabido, que agora ajude e guie meu talento e minha mão fraca.

II

Pátria e antepassados de Dante

Florença, como parecem afirmar as antigas histórias e a opinião comum dos homens de hoje, foi fundada pelos romanos, como as outras cidades italianas mais nobres.⁵ Com o passar do tempo, cresceu, encheu-se de habitantes e de homens ilustres e começou a ser vista por seus vizinhos não apenas como uma simples cidade, mas como uma cidade poderosa. Entretanto, sem que se saiba por qual motivo, se sorte contrária, céu adverso ou suas próprias culpas, por alguma razão se desvirtuaram seus grandiosos começos. O certo é que, passados não muitos séculos, Átila, o celebérrimo rei dos vândalos que destruiu quase toda a Itália, matou e dispersou todos os cidadãos de Florença, ou a maior parte deles, que fossem de alguma nobreza ou importância e reduziu a cidade a cinzas e ruínas.⁶ E acredita-se que daquele modo terá permanecido por cerca de trezentos anos. Ao final daquele período, tendo sido o Império Romano, não sem motivos, transferido de Bizâncio para a Gália, foi elevado à altura imperial Carlos Magno⁷, que então era o clementíssimo rei dos franceses. Depois de muitas fadigas e creio que movido por uma inspiração divina, o imperador se interessou pela reedificação da cidade desolada. E, assim, fez com que ela fosse reconstruída e habitada outra vez, e pelos mesmos romanos que a haviam construído antes. Fez com que fosse rodeada de muralhas o mais parecidas possível às de Roma, ainda que mais modestas, e que se recolhessem dentro dela todas as poucas relíquias dos descendentes dos antigos cidadãos que foi possível encontrar.

Entre os novos habitantes diz-se que veio de Roma, talvez como o administrador responsável pela reedificação, ou o urbanista das casas e das ruas, ou o encarregado de outorgar as leis necessárias à nova população, um nobilíssimo jovem da família dos Frangiapani, conhecido por todos pelo nome de Eliseu. Uma vez cumprida a missão para a qual viera, resolveu fazer-se cidadão e ficar aqui, influenciado talvez pelo amor à cidade que ajudara a organizar, ou pelo prazer do lugar, talvez percebendo que os céus o favoreceriam no futuro, ou por outro motivo qualquer. Deixou atrás de si uma não pequena nem pouco louvável estirpe de filhos e descendentes, que abandonaram o antigo sobrenome dos avós e adotaram por sobrenome o nome de quem lhes dera origem ali, passando a se chamar os Eliseus. Com o passar do tempo e das gerações, nasceu e viveu entre eles um cavaleiro que foi, pelas armas e pelo bom senso, respeitável e valoroso e que se chamou Cacciaguida.[8] Em sua juventude seus pais lhe deram por esposa uma jovem da família dos Aldighieri, de Ferrara, famosa por seus costumes e por sua nobreza, e com ela viveu muitos anos e teve muitos filhos. Os filhos iam nascendo e recebendo seus nomes, e em um deles, por capricho de mulher, a mãe quis restabelecer o nome de seus antepassados e o chamou Aldighieri, nome que se corrompeu depois, pela perda daquela letra *d*, e assim virou Alighieri. O valor daquele filho foi motivo para que seus descendentes abandonassem o sobrenome dos Eliseus e passassem a se chamar Alighieris, como ainda se chamam até hoje. Ele teve filhos e netos e seus netos tiveram filhos[9] até que durante o reinado do imperador Frederico II[10] nasceu um cujo nome foi Alighieri e que viria a ser famoso mais pela prole que teria do que por si próprio. Sua mulher, durante a gravidez e não muito longe do momento do parto, teve um sonho em que viu qual deveria ser o fruto de seu ventre: embora naquele momento nem ela nem os demais o tenham compreendido, hoje, diante do que aconteceu, ele ficou claríssimo para todos.

No sonho, parecia que ela estava debaixo de um altíssimo loureiro, em cima de um verde prado, ao lado de uma fonte claríssima. Sentia então que lhe nascia um filho que, em muito pouco tempo, alimentando-se com os frutos que caíam do loureiro e com a água cristalina da fonte, parecia transformar-se em um pastor e tentava alcançar alguns ramos daquela árvore que o tinha alimentado com seus frutos. E, quando ele estava no meio daquelas tentativas, ela viu que ele caiu e, ao se levantar, já não era mais um homem, mas tinha se transformado em pavão. Ela se assustou tanto com aquilo que acordou. Não passou muito tempo, chegou o momento do parto e lhe nasceu um filhinho. De comum acordo com o pai, deram-lhe o nome de Dante, e merecidamente, pois, como se verá adiante, ao nome corresponderia seu efeito.[11]

Este foi o Dante de quem trata o presente texto; este foi o Dante que foi concedido a nosso tempo por especial graça de Deus; este foi o Dante que seria o primeiro a abrir o caminho ao retorno das Musas desterradas da Itália. Por ele ficou demonstrado o valor do idioma florentino; por ele toda a beleza da língua corrente ficou ordenada e valorizada; por ele pode-se dizer, merecidamente, que a poesia que estava morta ressuscitou. Todas essas coisas, observadas atentamente, demonstrarão que nenhum outro nome ele poderia ter tido dignamente, a não ser o de Dante.

III

Seus estudos

Esse raro esplendor italiano nasceu em nossa cidade no ano de 1265 da salutífera encarnação do Rei do universo, quando o Império Romano estava vacante pela morte do já citado Frederico e quando ocupava a cadeira de São Pedro o papa Urbano IV.[12] Teve uma situação familiar muito feliz; feliz, digo, para as condições do mundo da época. Mas, qualquer que ela tenha sido, não vou falar de sua infância, durante a qual muitos sinais apareceram da futura glória de seu talento. Direi apenas que desde o princípio de sua meninice, e tendo já aprendido os rudimentos das letras, não se entregou aos prazeres infantis e aos ócios, engordando no regaço da mãe como é habito entre os nobres de hoje, mas deu toda a adolescência a sua pátria, com o estudo contínuo das artes liberais[13] de que se fez admiravelmente conhecedor. E crescendo com os anos seu ânimo e seu talento, não se dedicou aos estudos lucrativos[14], aos quais geralmente correm todos hoje em dia, mas entregou-se completamente à busca do conhecimento das ficções poéticas e de suas refinadas interpretações, desprezando as riquezas passageiras e movido pelo louvável desejo de uma eterna fama. Através daquele estudo ele se familiarizou com Virgílio, Horácio, Ovídio, Estácio[15] e todos os outros poetas famosos. Não somente procurou conhecê-los bem mas, cantando de maneira sublime, esforçou-se por imitá-los, como nos mostram suas obras, de que vamos falar adiante. Compreendeu que as obras poéticas não eram vãs ou simples fábulas maravilhosas, como muitos tolos acham, mas que traziam escondidos em si os dulcíssimos frutos de verdades históricas ou filosóficas.[16] E viu que as intenções poéticas não poderiam ser compreendidas plenamente sem o domínio da história e da filosofia moral e natural. Dividiu, então, seu tempo convenientemente e dedicou-se sozinho ao aprendizado da história e, com diversos professores, ao aprendizado da filosofia, tudo com muito estudo e cansaço. Assim, não encontrando nada de mais agradável nesta vida, entregou-se inteiro à doçura do conhecimento da verdade das coisas deste mundo, abandonando completamente qualquer outra preocupação temporal. E para que nenhuma parte da filosofia ficasse ignorada, embrenhou-se com inteligência acutíssima nas altíssimas profundidades da teologia. E conseguiu aquilo a que se propôs: sem se preocupar com o calor ou com o frio, com vigílias, com jejuns ou com qualquer outro incômodo físico, atingiu, por meio do estudo constante, o conhecimento da essência divina e das inteligências angélicas que é possível ao entendimento humano compreender aqui. E assim, durante as diferentes idades de sua vida, foi aprendendo as diferentes ciências, ora estudando sozinho, ora seguindo os cursos de diversos professores.

Fez seus primeiros estudos, como eu disse, em sua própria pátria, e de lá foi para Bolonha[17], cidade mais fértil em tal alimento. Já perto da velhice, foi a Paris[18], onde, para sua glória, mostrou muitas vezes nos debates a grandeza de sua inteligência, e a tal ponto que ainda hoje ficam maravilhados os que ouvem falar disso. Por causa de tantos e tão altos estudos, mereceu, com justiça, altíssimas distinções e por isto, ainda em vida, alguns sempre o chamavam de poeta, outros de filósofo e muitos de teólogo.[19] Mas, como sempre é mais gloriosa a vitória para o vencedor quando as forças do vencido são maiores, creio conveniente mostrar como foi que ele, tendo sido jogado ora aqui ora ali por um mar undoso e tempestuoso, venceu as ondas e os ventos contrários e chegou ao porto de salvação daquelas altíssimas distinções.

IV

Obstáculos que encontrou Dante em seus estudos

Os estudos geralmente costumam exigir solidão, ausência de preocupações e tranquilidade da alma, sobretudo os estudos especulativos, como aqueles a que o nosso Dante, como disse, se entregou por completo. Em lugar daquela quietude e despreocupação, entretanto, Dante teve, desde o começo da vida até as portas da morte, uma paixão de amor violentíssima e insuportável, uma esposa, responsabilidades de família e políticas, problemas com exílio e pobreza. Creio que convém falar com detalhes sobre aqueles dissabores, para que seja conhecida com clareza sua magnitude, evitando falar sobre dissabores menores, que em geral são decorrentes dos primeiros.

V

Amores de Dante

Durante a estação do ano em que a doçura do céu cobre a terra com seus enfeites e a faz toda sorridente pela variedade das flores misturadas com as folhagens verdes, era costume em nossa cidade que todos, homens e mulheres, festejassem em seus bairros com os amigos. Assim, então, como muitos outros, Folco Portinari[20], que era um dos honrados cidadãos daquele tempo, reuniu em sua casa para uma festa, no dia primeiro de maio, seus vizinhos mais próximos, entre os quais estava o já citado Alighieri. Como era hábito que as crianças pequenas acompanhassem os pais, sobretudo aos lugares em que havia festas, Dante, que ainda não tinha completado nove anos, também acompanhou o seu. Lá, misturando-se com os outros meninos e meninas de sua idade, foi brincar com eles depois da refeição.

No meio daquele grupo de crianças havia uma filha daquele Folco, que era chamada de Bice – e a quem ele sempre chamaria por seu nome próprio, que era Beatriz – e que tinha talvez oito anos, era bastante graciosa em sua juventude, muito delicada e agradável. Além disso, tinha os traços perfeitos e lindos e uma tão simpática candura que muitos a consideravam quase como se fosse um anjinho. Assim como a descrevi, ou talvez ainda mais bela, ela apareceu naquela festa diante dos olhos do nosso Dante; não creio que ela tenha aparecido diante dele ali pela primeira vez, mas pela primeira vez ali ela apareceu capaz de enamorá-lo. E ele, embora ainda fosse uma criança, acolheu em seu coração aquela bela imagem com tanta afeição que daquele dia em diante ela nunca mais saiu dali enquanto ele viveu. Como ela lhe apareceu, naquele momento, ninguém sabe. Se foi por semelhança de comportamento ou de temperamento, por influência especial de alguma intervenção celeste, ou porque, como vemos acontecer frequentemente nas festas, a doçura da música, a alegria generalizada e a delicadeza das comidas e do vinho fazem com que se abram os ânimos não apenas dos homens maduros mas também dos jovens, tornando-os facilmente presas de qualquer coisa que lhes agrade, o fato é que Dante, em sua pouquíssima idade, foi feito servidor ferventíssimo do amor. Deixando de lado os acontecimentos de sua infância, direi que a chama amorosa aumentou tanto com a idade que nada lhe dava mais prazer, tranquilidade ou consolo do que vê-la. Por isso é que ele ia correndo aonde quer que achasse que a poderia ver, deixando de lado tudo o mais, quase como se devesse obter do rosto e dos olhos dela todo seu bem e sua completa consolação.

Como é insensato o julgamento dos apaixonados! Só eles poderiam pensar em diminuir as chamas amontoando mais lenha. Em sua *Vida nova*[21] ele mesmo descreve, parcialmente, quantos e quais foram os pensamentos, os suspiros, as lágrimas e os outros grandes sofrimentos que depois, em idade mais avançada, iria enfrentar por causa daquele amor. Por isso não vou me preocupar em contá-los com maiores detalhes. Mas uma coisa, apenas, não quero que passe em silêncio: o fato, conforme ele próprio o escreve e atestam outros que conheceram seu desejo, de que seu amor foi honestíssimo e que nem o amante nem a coisa amada jamais deram mostras, por olhares, palavras ou gestos, de qualquer apetite libidinoso. E isso não é pouca maravilha neste mundo de hoje, do qual está sumido qualquer prazer honesto e que está tão habituado a, antes, possuir a coisa que lhe agrada segundo sua lascívia e, só depois, se decidir a amá-la; que quem quer que ame de outra maneira transformou-se em coisa raríssima. Se um amor tão grande e tão duradouro pode impedir o comer, o dormir e qualquer outra tranquilidade, imagine-se como não terá sido inimigo dos sagrados estudos e da capacidade intelectual. Certamente não pouco, ainda que muitos sustentem que foi o amor quem provocou seu gênio, usando como argumento para essa afirmação as composições que ele fez em louvor à mulher amada, elegantemente, no idioma florentino e em rima, e pelas quais expressou seus ardores e conceitos amorosos. Mas não concordo com isso, porque senão teria que afirmar que o estilo elevado seria a parte suprema de qualquer ciência, o que não é verdade.

VI

Dor de Dante pela morte de Beatriz

Como qualquer um pode perceber, nada é estável neste mundo, e se alguma coisa há que mude com facilidade, é a nossa vida. Deixando de lado outros acidentes infinitos e possíveis, basta um pouco de frio a mais, ou de calor que tenhamos, e passamos sem dificuldade de ser a não ser. E não há nisso privilégio de família, riqueza, juventude ou qualquer outra dignidade mundana. Coube a Dante experimentar a severidade dessa lei comum pela morte alheia, antes que por sua própria. Como quis Aquele que tudo pode, a belíssima Beatriz, quando estava quase no fim de seus vinte e quatro anos[22], partiu para aquela glória para a qual seus méritos a tinham preparado, deixando as angústias deste mundo. Dante caiu em tanta dor, em tanta aflição, em tantas lágrimas por causa daquela partida que muitos de seus parentes e amigos mais próximos não viam outro fim para aquilo a não ser a morte. E acharam que ela estivesse próxima, vendo que ele não dava ouvidos a nenhum conforto, a nenhuma consolação. Os dias eram iguais às noites, e aos dias, as noites, e não se passava nem uma hora sem lamentos, sem suspiros e sem grandes quantidades de lágrimas. E seus olhos pareciam duas fontes abundantíssimas de água corrente, tanto que muitos se admiraram de que tivesse tanto humor[23] para alimentar aquele choro. Mas, como vemos, uma longa convivência faz com que as paixões se tornem fáceis de suportar e, também, com o tempo todas as coisas diminuem e perecem. Aconteceu, então, passados alguns meses, que Dante aprendeu a se lembrar sem lágrimas que Beatriz estava morta; pensando melhor e a dor cedendo lugar à razão, percebeu que nem o choro nem os suspiros ou qualquer outra coisa lhe poderiam devolver a mulher perdida. Assim, resignado, se acostumou a suportar a ideia de que tinha perdido sua presença. Não passara muito tempo desde quando havia deixado as lágrimas, quando também os suspiros, que já estavam se acabando, começaram a desaparecer para não voltar mais.

Por causa do muito choro, da aflição que sentia no coração e porque não tinha cuidado nenhum consigo mesmo, tinha se transformado, na aparência, em uma coisa quase selvagem de ser vista: magro, barbado e quase completamente diferente do que antes costumava parecer. A tal ponto que seu aspecto, por si só, causava compaixão não apenas nos amigos, mas em quem quer que o visse, ainda que ele pouco se tivesse deixado ver pelos amigos enquanto durou aquela vida de lágrimas.

Aquela compaixão e o temor do pior faziam com que seus parentes se preocupassem em consolá-lo. E quando viram que as lágrimas paravam e que os suspiros também davam trégua a seu peito cansado, começaram de novo a se ocupar dele com os mesmos consolos que durante muito tempo haviam ficado perdidos. Ele, que até então permanecia obstinadamente surdo a tudo, começou não somente a escutar, mas a ouvir atentamente o que lhe diziam para seu consolo. Seus parentes, vendo aquilo, e querendo então não apenas livrá-lo das dores, mas também trazê-lo de volta à alegria, resolveram que iam encontrar para ele uma esposa: como o motivo de sua tristeza foi a mulher que ele tinha perdido, então que a mulher que lhe conseguissem fosse para ele motivo de alegria. Assim, quando encontraram uma jovem condizente com sua condição, disseram a ele qual era a intenção que tinham, utilizando os argumentos que acharam mais convincentes. E, para não entrar em todos os detalhes, direi apenas que depois de uma dura resistência, embora de curta duração, às razões seguiu-se o efeito e ele se casou.[24]

VII

Digressão sobre o casamento

Ó, mentes cegas, ó, intelectos obscurecidos, ó, argumentos vãos de muitos mortais; como os resultados acabam sendo contrários, em muitas coisas, a suas expectativas e, na maioria das vezes, com razão! Quem poderia pensar em mandar que alguém saísse do doce clima da Itália para se refrescar, por causa do calor, nas areias ferventes da África, ou saísse da ilha de Chipre para se aquecer junto às sombras eternas dos montes Ródopes?[25] Qual médico resolveria curar a febre aguda com fogo, ou o frio da medula com gelo ou com neve? Com certeza ninguém, a não ser quem se achasse capaz de abrandar as tormentas amorosas com uma nova mulher. Quem se acha capaz disso não conhece a natureza do amor nem quantas outras paixões ele traz consigo. Se tiver raízes firmes fixadas no coração de quem amou durante muito tempo, as ajudas e os conselhos que quiserem se opor a suas forças serão vãos. E se no começo qualquer pequena resistência pode ser útil, mais tarde as grandes costumam ser frequentemente nocivas. Mas convém retornar ao assunto e tratar agora daquelas coisas que por si só podem fazer esquecer os sofrimentos amorosos.

Que poderá conseguir alguém que, para me desviar de um pensamento aborrecido, me leve a mil outros muito piores e mais aborrecidos? Apenas, além do mal que me terá causado, vai me fazer querer voltar ao mal de que me desviou. É o que vemos acontecer, com muita frequência, à maioria dos que se casam ou são casados sem pensar, para saírem ou serem tirados de um sofrimento: não percebem que saíram de uma situação intrincada para entrar em mil outras das quais não vão poder voltar atrás, mesmo que se arrependam, como já nos mostrou a experiência.[26] Os parentes e amigos arranjaram uma mulher para Dante para que parasse de chorar por Beatriz. Não sei se por irem se acabando as lágrimas, ou por já terem se acabado, se teria acabado também a chama amorosa; não acredito. Porém, mesmo que tenha se acabado, muitas coisas novas e mais trabalhosas apareceram. Acostumado a passar a noite em seus estudos, podia conversar quantas vezes quisesse com imperadores, com reis e com qualquer outro grande príncipe, discutir com filósofos e se deliciar com os agradáveis poetas e, assim, ouvindo as angústias alheias, mitigava as próprias. Mas agora, ficava com a nova mulher todo o tempo que ela desejasse e, afastado daquela tão nobre companhia, tinha que ouvir as falações femininas e, se não quisesse ver aumentados seus problemas, teria que não apenas aprovar aquelas falações mas também elogiá-las, mesmo que a contragosto. Ele, que estava acostumado a se retirar para algum lugar solitário cada vez que as pessoas o incomodassem e ficar lá pensando sobre o espírito que move o céu, sobre de onde vem a vida dos seres que vivem na terra, quais são as razões das coisas, ou imaginando algo novo ou compondo algo por cuja fama depois de morto vivesse diante da posteridade, agora, não somente tinha que se afastar das doces contemplações cada vez que sua nova mulher assim o desejava, mas também era obrigado a estar acompanhado de pessoas que não tinham o menor interesse por aquelas coisas. Ele, que estava acostumado a rir, chorar, cantar ou suspirar despreocupadamente, ao sabor das paixões doces ou amargas, agora não ousava mais ou então tinha que prestar contas à mulher tanto das maiores coisas quanto dos menores suspiros, mostrando o que foi que os provocou, de onde vinha, por onde andava, e ela ficava achando que sua alegria se devia a um outro amor e, sua tristeza, à aversão que lhe tinha.

Que cansaço indescritível ter que viver, conversar e finalmente envelhecer junto e morrer com um ser tão desconfiado! Vou deixar de lado as preocupações novas e sérias que passam a ser da responsabilidade dos que não estavam acostumados a elas e sobretudo nesta nossa cidade, quais sejam: de onde virão as roupas, os enfeites e os quartos cheios de refinamentos supérfluos que as mulheres acreditam que são fundamentais para se poder viver bem; de onde virão os servos e as servas, as amas e as camareiras; de onde virão os banquetes, os agrados, os presentes que é preciso dar aos parentes das noivas e aos que se quer fazer crer que são queridos; e outras muitas coisas, além dessas, que antes os homens livres não conheciam. Vou falar, então, das coisas que não se podem evitar. Quem poderá duvidar que sua mulher, seja bela ou não, será objeto de comentários por parte das outras pessoas? E se acharem que ela é bela, quem poderá duvidar que, rapidamente, terá muitos admiradores, alguns dos quais cercarão seu ânimo inconstante, insinuando-se com a própria beleza ou nobreza, ou com palavras maviosas, com presentes ou com charme? Pois o que é desejado por muitos é defendido com dificuldade por um só. E quanto ao pudor das mulheres, basta ser tomada uma única vez para fazer a ela própria infame e ao marido eternamente magoado. E se a mulher, para infelicidade de quem a leva para casa, for má, vemos com muita frequência que mesmo as mais belas rapidamente caem em desgraça. E das demais, então, que podemos pensar, a não ser que passam a ser odiadas, elas e os próprios lugares onde podem ser encontradas, pelos que as devem aturar para sempre? Quando ficam enfurecidas, nenhuma fera é tanto ou mais cruel que elas; e nem poderá viver seguro de si quem se confiar a uma das que ache ter razão para estar enfurecida; e todas acham que têm.

Que vou dizer de seus hábitos? Se eu quisesse mostrar como e quanto são todos contrários à paz e ao repouso dos homens, meu texto ficaria demasiado longo, mas para isso basta citar um só, que é comum a quase todas. Elas acham que fazem bem mantendo em casa os mais reles servos e que seria errado mandá-los embora. É que imaginam que, mesmo que se comportem bem, não terão sorte diferente da de um servo; acham, então, que serão esposas só quando não tiverem o mesmo destino dos servos, ainda que se comportem mal. Mas por que eu fico querendo mostrar com detalhes coisas que a maioria das pessoas já sabe? É melhor eu me calar para não desagradar as gentis mulheres falando mais. Quem não sabe que todas as coisas que se compram podem antes ser experimentadas, menos as mulheres, para que não desagradem logo, antes de se casarem? Quem as recebe deve recebê-las não como as desejaria, mas como a sorte as dá. E se o que eu acabo de dizer é verdade (como sabe quem experimentou), podemos bem imaginar quantas dores não escondem os quartos que desde o lado de fora são tidos por felizes por aqueles que não têm olhos perspicazes que atravessem as paredes. Naturalmente, não digo que essas coisas aconteceram com Dante, porque eu não sei. De qualquer modo, o fato é que, por motivos semelhantes ou por outros, uma vez que se separou dela – que para consolo de suas aflições lhe tinha sido dada –, nunca mais quis voltar aonde ela estivesse nem permitiu jamais que ela fosse aonde ele estivesse. E apesar de tudo foram, juntos, pais de vários filhos.[27] Não venha alguém a pensar, por causa das coisas que acabo de dizer, que eu queira chegar à conclusão de que os homens não devam se casar. Pelo contrário, acho muito louvável quem se casa, mas isso não é para todos. Que os estudiosos deixem o casamento para os ricos tolos, para os nobres e os trabalhadores, e se deliciem com a filosofia, que é muito melhor esposa que qualquer outra.

VIII

Vicissitudes opostas da vida pública de Dante

É da natureza comum das coisas naturais umas suscitarem as outras. A responsabilidade familiar levou Dante à responsabilidade pública. Tanto lhe envolveram ali as honras vãs que são inerentes aos ofícios públicos que se entregou a eles quase totalmente e a rédeas soltas, sem perceber de onde vinha e aonde ia. E a Fortuna lhe foi tão favorável que nenhuma embaixada se recebia ou se respondia, nenhuma lei era assinada ou derrogada, nenhuma paz se fazia, nenhuma guerra se declarava, em suma, nenhuma deliberação de alguma importância se tomava sem que ele tivesse dado sua opinião a respeito. Parecia que estavam depositadas nele toda a fé pública, toda a esperança, todas as coisas humanas e divinas. Mas a Fortuna, que transtorna nossas intenções, embora o tenha mantido por alguns anos gloriosamente no alto de sua roda, destinou-lhe um fim bastante diferente do início, a ele que nela tanto havia confiado.

IX

Como a luta das facções o envolveu

Nos tempos dele, os cidadãos de Florença estavam vergonhosamente divididos em duas facções e cada uma delas era bastante poderosa, graças a seus chefes, sagazes e prudentes.[28] E assim umas vezes uma governava e outras vezes a outra, sem se preocuparem com o que pensasse a que estivesse oprimida. Dante empenhou todo seu talento, toda habilidade, todo estudo para promover a união do corpo dividido de sua pátria, mostrando aos cidadãos mais sábios como a discórdia, em pouco tempo, reduzia as coisas grandes a nada e como a concórdia aumentava as pequeninas ao infinito. Mas quando viu que se esforçava em vão e que os ânimos estavam obstinados, acreditou que aquela fosse a vontade de Deus e se propôs logo a abandonar todos os cargos públicos e ir viver sua vida. Mas depois, atraído pela doçura da glória e pelo vão favor popular, ademais da persuasão dos grandes, achou que com um pouco de tempo poderia fazer mais por sua cidade se ocupasse um cargo importante do que caso se retirasse à vida privada. Ó, tola fascinação dos esplendores humanos! Quem não provou sua força não pode imaginar como ela é grande! Tocado por aquilo tudo, nem mesmo um homem como ele, maduro e educado no santo seio da filosofia, alimentado e formado por ela, que bem conhecia as ruínas dos reis antigos e modernos, as desolações de reinos, províncias e cidades, e os furiosos assaltos da Fortuna, ele que nada mais buscava senão as coisas elevadas, não soube ou não pôde resistir a sua doçura.

Dante decidiu então buscar as honras caducas e a pompa vã das funções públicas. Vendo que por si só não poderia criar uma terceira facção que fosse mais justa e abatesse a injustiça das outras duas, obrigando-as a que se reconciliassem, resolveu se aproximar daquela que, a seu juízo, estava mais próxima da razão e da justiça, fazendo sempre o que achava que seria o melhor para sua pátria e seus concidadãos. Mas os desejos humanos na maioria das vezes são vencidos pelas forças do céu. A cada dia se tornavam maiores as animosidades e os ódios criados, ainda que nascidos sem razão justa; e a tal ponto que os cidadãos muitas vezes pegavam em armas, com grandes balbúrdias, com a intenção de pôr fim a suas desavenças a ferro e fogo. Ficavam tão cegos de ódio que não viam que, por causa dele, eles próprios morreriam miseravelmente. Mas depois que cada uma das facções pôde dar provas de sua força a expensas uma da outra, chegou o momento em que os desígnios ocultos da Fortuna ameaçadora deviam ser revelados, e a fama, que divulga tanto a verdade quanto a falsidade, anunciou que os adversários[29] da facção de Dante estavam munidos de um estratagema maravilhoso e astuto e de grande quantidade de gente armada. Os chefes da facção de Dante se assustaram tanto que ficaram sem qualquer reação ou argumento e só procuraram a salvação na fuga. Dante, prostrado com eles de repente das alturas do governo de sua cidade, não apenas se viu jogado à terra, mas banido dela.[30] Poucos dias depois daquele banimento, o populacho correu às casas dos banidos e as esvaziaram e pilharam furiosamente.[31] E quando os vencedores reorganizaram a cidade de acordo com os seus critérios, todos os principais adversários, dentre os quais Dante não era dos menores mas quase o principal, foram condenados a exílio perpétuo, como inimigos capitais da república, e seus bens e imóveis foram declarados públicos ou foram confiscados pelos vencedores.

X

Maldiz-se a condenação injusta ao exílio

Essa foi a recompensa que coube a Dante, por ter tido o amor que teve por sua pátria! Essa foi a recompensa que coube a Dante pelo afã que teve em querer acabar com as discórdias entre os cidadãos! Essa foi a recompensa que coube a Dante por ter buscado, com toda solicitude, o bem, a paz e a tranquilidade para seus concidadãos! Por tudo isso se vê claramente como os favores dos povos são enganosos e como é pouca a confiança que se pode ter neles. Quem, até pouco tempo, parecia ter depositados em si toda a esperança do povo, todo o afeto dos cidadãos, toda sua segurança, de repente, sem nenhuma razão válida, sem nenhuma ofensa, sem nenhuma culpa, foi furiosamente mandado para um exílio irrevogável, por aqueles mesmos rumores que, antes, tinham sido ouvidos muitas vezes, elevando até as estrelas os louvores que faziam a ele. Foi essa a estátua de mármore erguida para ele em eterna memória de sua virtude! Com essas letras foi escrito seu nome em placas de ouro entre os dos pais da pátria! Com rumores tão favoráveis quanto esses foram dados a ele os agradecimentos por seus benefícios! Quem, então, vendo isso tudo, não vai dizer que nossa república não anda mancando desse pé?

Ó, vã confiança depositada nos homens, quantos exemplos conspícuos estão constantemente desmentindo, censurando e castigando você! Presta atenção e vê: se o que aconteceu com Camilo, Rutílio, Coriolano, ambos os Cipiões[32] e os outros homens valorosos da antiguidade já se apagou de sua lembrança, por causa da distância do tempo, que este caso recente faça você correr a rédeas menos soltas em direção a seus prazeres. Nada existe de mais instável que o favor popular; nenhuma esperança mais insensata e nenhum propósito mais tolo do que os que nos incitam a confiarmos nele. Elevemos, assim, os ânimos ao céu, em cuja lei perpétua, em cujos esplendores eternos, em cuja verdadeira beleza vamos poder conhecer, sem qualquer obscuridade, a estabilidade d'Aquele que move com razão a si próprio e a todas as outras coisas. E, desse modo, deixando de lado as coisas transitórias, toda nossa esperança nele se apoie, como em lugar firme, se não quisermos nos enganar.

XI

A VIDA DO POETA EXILADO, ATÉ A VINDA À ITÁLIA DE HENRIQUE VII

Dessa maneira, então, saiu Dante daquela cidade, de onde não apenas era cidadão, mas da qual seus avós tinham sido uns dos reconstrutores. Deixou lá sua mulher e o resto da família, que, sendo de pouca idade, não estava preparada para a fuga. Sabia que ficavam seguros, pois estavam ligados por parentesco a um dos principais chefes da facção contrária[33]; ele, entretanto, inseguro quanto a si mesmo, vagava aqui e ali pela Toscana.[34] Uma pequena parte de seus bens foi salva por sua mulher, com dificuldade, da fúria dos cidadãos, alegando que era parte de seu dote e com isso ela e os filhos se sustentavam bastante modestamente. Ele, que por causa disso ficou pobre, tinha que providenciar o próprio sustento com meios a que não estava habituado. Quanto orgulho honesto teve que deixar de lado! Era mais difícil para ele aguentar isso do que a morte, mas a esperança lhe prometia que os sofrimentos seriam breves e que o retorno estava próximo. Saindo de Verona, aonde, logo que fugiu, tinha ido ficar com o senhor Alberto della Scala[35], que o recebeu benignamente, foi sendo honrado, por muito mais tempo do que esperava e segundo suas disponibilidades e possibilidades, um pouco pelo conde Salvatico, em Casentino[36], um pouco pelo marquês Morruello Malaspina[37], em Lumigiana, e um pouco pelos senhores da Faggiuola, nos montes perto de Urbino, que o hospedaram bastante corretamente.[38] Foi depois para Bolonha, onde ficou pouco, indo para Pádua, de onde voltou novamente a Verona. Mas quando viu que todos os caminhos para sua volta se fechavam e que a cada dia ficava mais vã sua esperança, abandonou não somente a Toscana, mas toda a Itália e, passando os montes que a dividem da França, chegou como pôde a Paris.[39] Lá se entregou completamente ao estudo da filosofia e da teologia e ao aperfeiçoamento das outras ciências, do que tinha ficado afastado por causa de suas atribulações. E enquanto empregava assim seu tempo nos estudos, sem que ele esperasse, aconteceu que o conde de Luxemburgo, Henrique[40], foi eleito rei dos romanos por vontade e determinação do papa Clemente V[41] e logo em seguida foi coroado imperador. Dante, ao saber que ele tinha saído da Alemanha para subjugar a Itália, que estava em parte rebelada contra sua autoridade, e que ele já estava assediando Bréscia com forças poderosíssimas, achou por várias razões que ele seria vitorioso e encheu-se de esperanças de poder voltar a Florença por meio da força e da justiça dele, mesmo que a cidade quisesse resistir. Assim, atravessou de novo os Alpes e se juntou aos muitos inimigos dos florentinos e juntos, por meio de emissários e cartas, se empenharam em demover o imperador do assédio de Bréscia para que fosse cercar Florença, mostrando-lhe que ela era sua principal inimiga e que, se a derrotasse, pouco ou nada mais faltaria para ser facilmente dono e senhor de toda Itália. Conseguiram convencê-lo, mas sua vinda não teve o fim que imaginavam. As resistências foram imensas e muito maiores do que eles imaginaram. Por causa disso o imperador partiu quase desesperado para Roma, sem ter realizado nada de notável. E quando estava fazendo muitas coisas aqui e ali, dando muitas ordens e se propondo a fazer muito mais, sua morte precoce pôs tudo a perder. Todos os que nele confiavam perderam as esperanças com sua morte, sobretudo Dante, que, sem procurar mais voltar para Florença, atravessou a cadeia dos Apeninos e foi para a Romanha, onde o esperava seu último dia, que deveria acabar com suas fadigas.[42]

XII

Dante hóspede de Guido Novelo de Polenta

Naquele tempo era senhor de Ravena, famosa e antiga cidade da Romanha, um nobre cavaleiro cujo nome era Guido Novello de Polenta.[43] Formado em artes liberais, honrava muito os homens de valor, sobretudo os que sobrepujavam os outros por sua sabedoria. Chegando a seus ouvidos que Dante estava na Romanha tão sem esperanças, decidiu hospedá-lo e honrá-lo, pois conhecia há muito tempo a fama de seu valor. E não esperou que ele lhe pedisse: sabendo como é penoso para os homens de valor sair pedindo, adiantou-se com espírito magnânimo e com grandes oferecimentos e pediu a Dante, como um favor especial, aquilo que sabia que Dante lhe pediria, ou seja, que lhe desse o prazer de ficar com ele. Concorreram assim os dois desejos, o do solicitado e o do solicitante, a um mesmo fim, de modo que Dante, sumamente satisfeito com a liberalidade do nobre cavaleiro, mas também premido pela necessidade e sem esperar que o chamasse de novo, foi para Ravena. Lá, foi recebido com todas as honras e aquele senhor fez tudo para consolá-lo em seu desespero, colocando a sua disposição tudo que precisasse. Por muitos anos o teve consigo, até o dia em que Dante morreu.

XIII

Sua perseverança no trabalho

Nem os desejos amorosos, nem as lágrimas dolentes, nem as obrigações domésticas, nem a glória lisonjeira dos cargos públicos, nem o miserável exílio, nem a pobreza intolerável jamais puderam, com suas forças, demover nosso Dante de seu principal desígnio, que eram os estudos. Assim é que ele esteve sempre ocupado em compor, mesmo que no meio de qualquer daquelas ferozes paixões a que me referi acima, como veremos mais adiante, quando tratarmos com detalhes das suas obras. E se apesar da oposição de tantos e tais adversários, como aqueles de que tratamos acima, ele saiu vitorioso graças à força de seu talento, o que não teria feito se, ao contrário, tivesse sido ajudado, ou pelo menos se nada ou quase nada o tivesse atrapalhado, como é o caso com muitos? Na verdade, não sei; mas se me fosse permitido eu diria que ele teria sido um Deus na terra.

XIV

GRANDEZA DO POETA NA LÍNGUA ITALIANA. SUA MORTE.

Tendo perdido toda esperança de jamais voltar a Florença, mas não o desejo, Dante viveu, portanto, em Ravena durante muitos anos, sob a proteção daquele generoso senhor. Lá, com seus ensinamentos, fez com que muitos aprendessem poesia e sobretudo em italiano. E eu acho que foi ele quem antes de todos, entre nós italianos, exaltou e deu prestígio a nossa língua do mesmo modo que Homero deu à sua entre os gregos ou Virgílio à sua entre os latinos. Antes dele e como a língua italiana se tivesse desenvolvido havia pouco tempo, ninguém teve ousadia ou sentimento de fazê-la instrumento para algum tema sério; apenas em ligeiríssimos assuntos de amor, a métrica e a rima eram praticadas. Ele mostrou na prática que qualquer assunto elevado podia ser tratado em italiano e fez nosso idioma mais glorioso que qualquer outro.

Mas como cada um tem sua hora marcada, ele, tendo adoecido[44] já no meio, ou quase, de seu quinquagésimo sexto ano, tendo recebido humildemente e com devoção todos os sacramentos segundo a religião cristã e se reconciliado com Deus, arrependendo-se de todas as coisas que, porque homem, praticou contra sua vontade, entregou a seu criador seu fatigado espírito, no mês de setembro do ano do Senhor de 1321, no dia em que a Igreja celebra a exaltação da Santa Cruz[45], não sem grandíssima dor do supracitado Guido e de todos os outros cidadãos de Ravena em geral. E não duvido que sua alma tenha sido recebida nos braços de sua nobilíssima Beatriz, com quem agora vive em grande alegria, deixadas as misérias da presente vida, na presença d'Aquele que é sumo bem e de cuja felicidade não se espera jamais o fim.

XV

Sepultura e honras fúnebres

Aquele magnânimo cavaleiro fez o corpo de Dante ser colocado em um leito fúnebre enfeitado com ornamentos poéticos e transportado nos ombros dos cidadãos mais ilustres até a igreja dos frades menores de Ravena[46], com toda a honra de que estimava digno aquele corpo; e o acompanhou até lá em meio ao pranto geral e lá o fez colocarem em uma arca de pedra, na qual ainda jaz. E, voltando à casa em que Dante havia morado, pronunciou ele próprio, segundo o costume de Ravena, um longo e elegante discurso, tanto para louvar a alta sabedoria e a virtude do defunto quanto para consolar seus amigos, disposto – se lhe tivessem durado sua situação e sua vida – a honrar o poeta com uma sepultura tão grandiosa que, se nenhum outro mérito seu o fizesse famoso no futuro, ela o teria feito.

XVI

Competição de poetas para o epitáfio de Dante

Aquela louvável intenção foi logo conhecida por todos os que naquele tempo eram poetas ilustres na Romanha. Então cada um deles, seja para dar mostras da própria capacidade, seja para dar testemunho do apego que tinham ao poeta morto, seja para atrair as graças e a amizade daquele senhor que sabiam que as desejava, compôs versos que, colocados como epitáfio sobre a futura sepultura, fizessem saber à posteridade, com os louvores devidos, quem era o que jazia dentro dela e os mandaram àquele magnífico senhor.[47] Mas ele, por desgraça da Fortuna, daí a pouco tempo, privado de seu Estado, morreu em Bolonha, e por isto a construção do sepulcro e a inscrição nele dos versos enviados deu em nada. Aqueles versos me foram mostrados algum tempo depois. Vendo que não tinham onde ficar, pelos motivos que já disse, e pensando que estas coisas que escrevo aqui são como uma sepultura, não do corpo mas, como teria sido aquela outra, uma conservadora perpétua da memória dele, achei que não seria inconveniente registrá-los aqui. Mas, do mesmo modo que não teriam sido talhados nos mármores mais que os versos de apenas um dos que tivessem escrito (e foram muitos), achei que apenas os de um deles deveriam ser escritos aqui. Por isso, examinando eles todos, achei que os melhores, tanto pela arte quanto pelo conteúdo, foram quatorze versos compostos pelo mestre bolonhês Giovanni del Virgilio[48], que era então famosíssimo e grande poeta e que tinha sido íntimo amigo de Dante. E foram os que vão escritos a seguir:

XVII

Epitáfio

Theologus Dantes, nullius dogmatis expers,
quod foveat claro philosophia sinu:
gloria Musarum, vulgo gratissimus auctor,
hic iacet, et fama pulsat utrumque polum:
qui loca defunctis gladiis regnumque gemellis
distribuit, laicis rhetoricisque modis.
Pascua Pieriis demum resonabat avenis;
Atropos heu laetum livida rupit opus.
Huic ingrata tulit tristem Florentia fructum,
exilium, vati patria cruda suo.
Quem pia Guidonis gremio Ravena Novelli
gaudet honorati continuisse ducis,
mille trecentis ter septem Numinis annis,
ad sua septembris idibus astra redit.

Dante, teólogo conhecedor de todas as doutrinas
que a filosofia nutre em seu ilustre seio,
glória das musas, autor amadíssimo pelo povo,
aqui jaz e sua fama toca ambos os polos:
distribuiu por seus lugares os mortos e aos dois reinos
[seus poderes

com estilo popular e corrente;
cantava até as pastagens com as gaitas das Piérides.[49]
A lívida Átropos[50] truncou seu canto agradável.
A ele a ingrata Florença deu um triste fruto
– a pátria cruel –: o exílio a seu poeta.
A piedosa Ravena se alegra por tê-lo acolhido
no regaço do honrado governante Guido Novello.
No ano de Cristo de mil trezentos e vinte e um,
nos idos de setembro, voltou a suas estrelas.

XVIII

REPREENSÃO AOS FLORENTINOS

Ó, pátria ingrata, qual demência, qual descuido possuiu você e que você continuou possuindo, quando expulsou com crueldade inusitada o seu caríssimo cidadão, seu principal benfeitor, seu único poeta? Se a desculpa é a agitação geral daqueles tempos que trouxe maus conselhos, por que, uma vez cessados os desentendimentos e retornada a tranquilidade de espírito, você não se arrependeu do que fez e o chamou de volta? Olhe! Não se aborreça por conversar um pouco comigo, que sou seu filho, e aceite o que eu digo, movido por uma justa indignação, como sendo dito por alguém que deseja que você se corrija e não que seja punida. Você acha que pode ser gloriosa por tantos e tantos motivos, enquanto aquele único motivo, pelo qual nenhuma cidade vizinha se pode vangloriar de ter semelhante, você quis banir de você mesma? Olhe! Diga: quais vitórias, quais triunfos, quais excelências, quais cidadãos eminentes fazem você ser tão ilustre? Suas riquezas – coisa móvel e incerta –, suas belezas – coisa frágil e efêmera –, seus refinamentos – coisa vituperável e afeminada – fazem você famosa no falso juízo das pessoas, que sempre repara mais nas aparências que na substância. Olhe! Você vai se vangloriar por causa de seus comerciantes e dos seus muitos artistas, dos quais você está tão cheia? É tolice fazê-lo: os primeiros, agindo sempre movidos pela avareza, exercem uma profissão servil; as artes, que por um tempo estiveram tão enobrecidas pela inteligência que eram tidas como uma segunda natureza, por aquela mesma avareza estão hoje corrompidas e não valem nada. Você vai se vangloriar por meio da vileza e da ignávia daqueles que, porque se lembram de seus muitos avós, querem obter em você o principado pela nobreza, mas sempre agindo contra ela mesma, com roubos, traições e falsidades? Glória vã será a sua, e escarnecida pelos que sabem julgar com fundamentos justos e com firmeza equilibrada. Ai! Pobre mãe, abra os olhos e veja, com algum remorso, o que você fez; pelo menos se envergonhe, sendo reputada como sábia como você é, por ter tido entre suas culpas uma escolha errada! Olhe! Se você não tinha tanta capacidade de julgamento, por que não imitou o que fizeram aquelas cidades que ainda hoje são famosas por suas ações louváveis? Atenas, que, tanto pelas ciências quanto pela eloquência e por sua esplêndida milícia, foi um dos olhos da Grécia, quando ela era o centro do mundo; Argos, ainda pomposa pela fama de seus reis; Esmirna, que sempre reverenciaremos por seu bispo São Nicolau[51]; Pilos, famosíssima pelo velho Nestor; Cumas, Quios e Colofon, cidades esplendorosíssimas no passado, todas elas, por mais gloriosas que tenham sido, não se envergonharam nem hesitaram em travar uma amarga disputa em torno da origem do divino poeta Homero[52], afirmando, cada uma delas, ter ele ali nascido. E cada uma utilizou argumentos tão fortes em sua defesa que ainda hoje aquela questão existe e não se sabe onde foi que ele nasceu, de modo que umas e outras ainda se vangloriam de tê-lo tido como cidadão. E Mântua, nossa vizinha, o que é que a faz ainda famosa a não ser o fato de Virgílio ter sido mantuano? E eles lá reverenciam tanto seu nome e ele é tão querido de todos, que não apenas nos lugares públicos, mas também em muitas casas pode ser vista uma imagem dele; e assim mostram que apesar de ele ter sido filho de um oleiro, foi ele quem deu nobreza a todos. Sulmona por Ovídio, Venosa por Horácio, Aquino por Juvenal e muitas outras, cada uma delas se vangloria por seu poeta e faz questão de defender sua grandeza. Não seria vergonhoso para você seguir o exemplo delas, que em verdade tiveram razão em ser gentis e afetuosas com tais cidadãos. Elas entenderam o que você mesma poderia ter entendido e melhor do que elas, ou seja, que mesmo depois delas próprias se arruinarem, as obras eternas desses homens seriam guardiãs perpétuas de seus nomes. E é por isto que hoje em dia, graças a eles, são conhecidas pelo mundo todo, mesmo por aqueles que jamais as viram. Somente você, obumbrada não sei por qual cegueira, quis tomar outro caminho e, como se estivesse ofuscada por você mesma, não se ocupou daquele esplendor. Somente você, como se os Camilos, os Publícolas, os Torquatos, os Fabrícios, os Catões, os Fábios e os Cipiões[53] fizessem você famosa e vivessem em você; somente você, já tendo deixado escapar pelos seus dedos seu antigo cidadão, o poeta Claudiano, não apenas negligenciou o poeta de agora, mas o expulsou e baniu e se pudesse o teria privado do nome de florentino. Não posso deixar de me envergonhar por causa de você. Mas aí está: não foi o acaso, mas o curso natural das coisas, com sua eterna lei, quem atendeu aquele desejo desonesto que teria levado você, com ânimo voluntário e animalesco, a fazê-lo, se ele caísse em suas mãos, isto é, matá-lo. Morreu o seu Dante Alighieri naquele exílio que você lhe impôs injustamente, com inveja de seu valor. Ó, que pecado, que não deveria ser lembrado, este de que a mãe guarde rancor contra as virtudes de um de seus filhos! Pois agora que você está livre de preocupações, agora que ele morreu, você pode viver tranquila e pôr um fim a suas tão longas e injustas perseguições. Ele não vai poder fazer com você, morto, o que jamais lhe teria feito vivo; ele jaz debaixo de outro céu que não é o seu e você pode perder as esperanças de vê-lo algum dia, a não ser naquele em que você poderá ver todos os seus cidadãos e suas culpas serão examinadas e punidas por um juiz justo.

Se os ódios, então, as iras e as inimizades se acabam, como se acredita, com a morte de uma pessoa, comece a cair em si e a entender as coisas corretamente; comece a se envergonhar de ter agido contra sua antiga generosidade; comece a querer parecer mãe e não mais inimiga; derrame as lágrimas devidas a seu filho; conceda a ele a piedade materna; a quem você renegou e mesmo expulsou como suspeito enquanto ainda vivo, procure pelo menos reaver depois de morto; restitua à memória dele sua cidadania, seu afeto e sua graça. A verdade é que, por mais que tenha sido ingrata e arrogante com ele, ele sempre teve por você uma reverência filial e nunca lhe quis privar da honra que lhe cabia, pelas obras dele, como você o privou de sua cidadania. Por mais que o exílio fosse longo, sempre se chamou florentino e assim sempre quis ser chamado, sempre preferiu você a qualquer outra, sempre a amou. O que é que você vai fazer, então? Vai continuar sempre obstinada em sua iniquidade? Será que existe em você menos humanidade que entre os bárbaros, que vemos que não apenas exigem de volta os corpos de seus mortos, mas que estão virilmente dispostos a morrer para reavê-los? Você quer que o mundo ache que você é neta de Troia e filha de Roma: pois os filhos devem se parecer com os pais e os avós. Príamo, em sua miséria, não somente pediu que lhe fosse restituído o corpo morto de Heitor mas o resgatou com o ouro devido.[54] Os romanos, conforme parecem acreditar alguns, fizeram vir de Minturno os ossos do primeiro Cipião[55], que lhes tinham sido com razão negados quando de sua morte. E embora Heitor tenha sido por muito tempo o baluarte dos troianos com seu valor e Cipião tenha sido libertador não apenas de Roma, mas de toda Itália, coisas que, certamente, nenhuma delas pode ser dita especificamente sobre Dante, nem por isso ele deve ser desprezado, pois as armas nunca deixaram de ceder lugar às ciências. Se você, em um primeiro momento, não imitou o exemplo e as obras das cidades sábias, quando teria sido mais oportuno, emende-se agora e imite-as. Nenhuma das sete cidades antes citadas deixou de fazer uma sepultura para Homero, verdadeira ou fictícia. E quem poderia duvidar que os mantuanos, que ainda hoje prestam homenagem à pobre casinha e aos campos em Piettola que foram de Virgílio, não lhe teriam feito uma sepultura honrosa, se Otaviano Augusto não tivesse feito transportar seus ossos de Brindisi a Nápoles e ordenado que aquele lugar, onde os havia posto, ele o queria para repouso perpétuo deles? Nada fez Sulmona chorar tanto quanto Ovídio ter sido enterrado em algum lugar do Ponto[56]; Parma, por outro lado, está contente por ter Cássio.[57] Procure você, então, ser a guardiã de seu Dante; peça-o de volta; dê essa demonstração de humanidade, mesmo que você não o queira de volta; tire de você mesma, com esse fingimento, uma parte da reprovação que até agora você granjeou. Peça-o de volta. Tenho certeza de que ele não lhe será devolvido e você vai poder se mostrar piedosa e ao mesmo tempo vai satisfazer sua crueldade inata, não o recebendo de volta. Mas por que insisto em lhe pedir? Ainda que os corpos mortos pudessem sentir alguma coisa, custo a pensar que Dante pudesse sair de onde está para voltar para você. Ele jaz junto a uma companhia muito mais louvável que a que você lhe poderia dar. Ele jaz em Ravena, cidade muito mais venerável, por sua idade, do que você; e ainda que sua ancianidade faça que ela hoje esteja um pouco decaída, na juventude foi muito mais florida do que você é agora. Ela é quase um sepulcro geral de corpos santíssimos e em nenhuma parte dela se pisa que não se vá por cima de cinzas reverendíssimas. Quem, então, vai querer voltar para você, para ter que repousar entre as cinzas dos seus, que ainda cultivarão, como é de se imaginar, o ódio e a indignidade que tinham enquanto estavam vivos e ainda fugirão uns dos outros, sem se entenderem, como faziam as chamas dos dois tebanos?[58] Mesmo tendo sido banhada com o sangue de muitos mártires, cujas relíquias conserva hoje com reverência, assim como os corpos de muitos imperadores magníficos e de outros homens ilustríssimos por seus avós e por suas obras virtuosas, Ravena está contente – e não pouco – por Deus ter concedido a ela, ademais de seus outros dotes, ser a guardiã perpétua de um tesouro tamanho qual seja o corpo daquele cujas obras causam admiração ao mundo todo e de quem você não soube se fazer digna. Mas é bem verdade que a alegria dela por tê-lo ali não é tão grande quanto a inveja que tem de você, que se vangloria de o ter visto nascer; quase como se ela se indignasse por ser lembrada pelo último dia dele, enquanto você é lembrada por causa do primeiro. E assim fique você com sua ingratidão e Ravena fique feliz e gloriosa entre os pósteros, com honras que seriam suas.

XIX

Breve recapitulação

Assim, como disse acima, Dante passou o fim da vida entregue aos vários estudos. E como acho que, conforme prometi, mostrei convenientemente quais foram suas paixões, sua vida pública e privada, o exílio miserável e o final de sua vida, creio oportuno falar agora de suas características físicas, seus costumes e, de maneira geral, quais os hábitos mais notáveis que teve em sua vida; em seguida, tratarei, imediatamente, das obras dignas de nota que ele escreveu naquele seu tempo infestado de tanto tumulto, conforme pude relatar brevemente.

XX

Traços físicos e costumes de Dante

Nosso poeta foi, portanto, de estatura mediana[59] e, ao chegar à idade madura, ficou um pouco encurvado; seu caminhar era grave e sossegado; estava sempre vestido condignamente com os trajes condizentes com sua idade. Seu rosto era longo, e o nariz, aquilino, os olhos antes grandes que pequeninos, o maxilar grande e o lábio inferior mais saliente que o superior; era de cor morena e tinha os cabelos e a barba espessos[60], negros e encrespados; e tinha o rosto sempre melancólico e pensativo.[61] Por isso aconteceu um dia em Verona o seguinte: suas obras já eram famosas por todos os lugares, sobretudo aquela parte de sua *Comédia* que ele intitula *Inferno*, e ele próprio já era conhecido por muita gente, tanto homens quanto mulheres. Então, passando ele na frente de uma porta junto da qual algumas mulheres estavam sentadas, uma delas sussurrou para as outras mulheres, mas não tão baixo que não tivesse podido ser bem ouvida por ele e pelos que o acompanhavam, e disse: "Olhem ali, aquele que vai ao inferno e volta quando quer e traz cá para cima notícias dos que estão lá embaixo". Ao que uma das outras respondeu com simplicidade: "Deve ser mesmo verdade o que você está dizendo: não está vendo como a barba dele é encrespada e a pele morena por causa do calor e da fumaça que tem lá embaixo?". Ele ouviu aquelas palavras que estavam falando depois que ele passou e, vendo que vinham da pura credulidade das mulheres, gostou e, ficando como que contente porque elas tivessem aquela opinião, sorrindo um pouco continuou a caminhar.

Ele era admiravelmente ordenado e correto em seus costumes privados e públicos e, em tudo, mais cortês e educado do que ninguém.

No comer e no beber era controladíssimo, tanto em fazê-lo nas horas certas quanto em não ultrapassar os limites da necessidade. Nunca desejou umas comidas mais do que outras; elogiava as mais delicadas, mas na maioria das vezes se alimentava com simplicidade, desdenhando muito aqueles que punham grande parte de seus esforços em obter comidas refinadas ou em fazer com que fossem preparadas com cuidado: dizia que tais pessoas não comiam para viver, mas antes que viviam para comer.

Ninguém se dedicou mais do que ele aos estudos ou a qualquer outro interesse em que se empenhasse; tanto que, muitas vezes, sua família e sua mulher se queixaram, mas acabaram por se acostumar com seus hábitos e resolveram não se incomodar mais. Se não lhe pedissem, falava pouco e sempre ponderadamente e com tons adequados ao assunto de que se tratava; no entanto, quando fosse necessário, era eloquentíssimo e falava muito, com uma dicção excelente e ágil.

Quando jovem, gostava muito de música e de canto e foi amigo de todos os bons cantores ou músicos de seu tempo e com eles conviveu. Por causa daquela paixão, compôs muitas coisas, que dava àqueles amigos para que lhes pusessem música.

Já se mostrou com bastante clareza o ardor com que se sujeitou ao amor. Todos acreditam firmemente que aquele amor foi quem inspirou seu engenho para que se fizesse poeta, no começo, através da imitação, escrevendo na língua vulgar. Mas depois, movido pelo desejo de mostrar com mais solenidade suas paixões e pelo desejo da glória, aplicou-se com tanta diligência naquela língua que não apenas superou a todos os seus contemporâneos, mas tanto a ilustrou e fez bela, que fez com que muitos, no seu tempo e nos tempos depois dele, desejassem usá-la bem.

Gostava também de ficar sozinho e longe das pessoas, de modo que não interrompessem suas meditações. Se por acaso estivesse desenvolvendo um pensamento de que gostasse muito e se encontrasse no meio de outras pessoas e alguém lhe perguntasse alguma coisa, não respondia nada se não tivesse ainda concluído ou rechaçado sua ideia; e isso aconteceu muitas vezes, fosse à mesa, fosse caminhando com amigos ou em outros lugares.

Foi diligentíssimo nos seus estudos, quando dispunha de tempo para eles, de modo que nada o interrompia. Sobre isso, pessoas dignas de fé contam que uma vez ele estava em Siena, como esteve muitas vezes, e, chegando por acaso à porta de uma mercearia, alguém lhe entregou um livrinho que lhe tinham prometido. Era um livro muito famoso entre os entendidos e ele ainda não o tinha visto. Como não podia sair dali com ele, apoiou o peito em cima de uma bancada que havia na frente da mercearia e colocou o livrinho na frente e começou a ler avidamente. Aconteceu que logo depois, naquele quarteirão e bem na frente dele, uma grande quantidade de jovens nobres começou a fazer um grande torneio por causa de alguma festa popular dos sieneses. E fizeram uma enorme barulheira, com instrumentos variados e aplausos ruidosos e outras coisas que despertam curiosidade, como danças de meninas bonitas e brincadeiras de jovens; mas ninguém o viu mover-se dali nem mesmo levantar os olhos do livro por um instante. Pelo contrário, tendo se instalado ali por volta das três da tarde, ficou a tarde toda até ter lido e entendido tudo e foi só então que se levantou. E dizia depois, a quem lhe perguntava como tinha podido deixar de ver uma festa tão bonita como a que tinha acontecido ali bem na frente dele, que ele mesmo não tinha visto nada. E assim causou uma dupla admiração aos que o interrogaram.

Nosso poeta foi, ademais, dotado de uma maravilhosa versatilidade, de memória segura e de intelecto perspicaz. Foi assim que, estando em Paris, defendeu uma questão de disputa teológica que lhe foi submetida em quatorze teses por vários estudiosos sobre assuntos diversos. Repetiu sem interrupção e em perfeita ordem os argumentos a favor e contra que lhe foram propostos e, em seguida, mantendo a mesma ordem, respondeu e resolveu com sutileza os argumentos contrários. E isso foi considerado quase como um milagre por todos os presentes.

Foi de um altíssimo nível intelectual e de uma inventiva refinada, e isto é claramente demonstrado aos que entendem do assunto por suas próprias obras, muito mais do que o poderiam fazer minhas palavras.

Foi muito sensível às honras e à pompa, talvez mais do que seria desejável de sua ínclita virtude. Mas que importa? Que vida será tão humilde que não se deixe tocar pela doçura da glória? E por causa daquela sensibilidade é que eu acho que amava a poesia acima de qualquer outra arte. Via que a filosofia superava todas as outras em nobreza, mas que sua grandeza só se transmitia a poucas pessoas, embora existissem muitos filósofos famosos pelo mundo. A poesia, porém, parecia ser mais transparente e agradável às pessoas de maneira geral, embora os poetas fossem pouquíssimos. E por isso entregou-se todo a ela, estudando e produzindo, com a esperança de que através da poesia chegasse à honra inusitada e pomposa de ser coroado de louros. E com certeza seu desejo se teria realizado se tivesse tido a sorte de voltar outra vez a Florença, pois somente lá, junto à pia batismal da igreja de São João[62], é que aceitaria ser coroado. Isso porque naquele lugar, onde tinha recebido seu primeiro nome pelo batismo, era onde queria receber o segundo com a coroação. Embora seus méritos fossem muitos e por eles tivesse podido obter a honra da coroação de louros em qualquer lugar que quisesse – e esta honra não acrescenta saber, mas é antes um sinal e um testemunho incontestável de que tal pessoa o tem –, acabou acontecendo que, à espera daquela volta que nunca ocorreria, não quis ser coroado em nenhum outro lugar, e assim, sem receber aquela tão desejada honraria, morreu.

Mas, porque frequentemente as pessoas se perguntam o que é a poesia e o que é o poeta, de onde veio esta palavra, por que os poetas são coroados com louro, e poucos parecem ter respondido, quero fazer aqui uma digressão para falar um pouco disso, voltando, logo que puder, a meu assunto.

XXI

Digressão sobre a
origem da poesia

Os primeiros homens, nos primeiros séculos, embora muito rudes e incultos, desejavam ardentemente conhecer a verdade através do estudo, da mesma maneira que nós vemos hoje que qualquer um deseja. Eles, então, vendo o céu se mover constantemente de acordo com leis determinadas e as coisas na terra terem uma certa ordem e acontecerem em tempos determinados, pensaram que necessariamente deveria existir alguma coisa da qual aquilo tudo procedesse e que pusesse ordem em todas as outras, como um poder ao qual nenhum outro poder fosse superior. E tendo feito cuidadosamente aquela investigação, concluíram que deveriam venerar com toda espécie de culto, honra e ritual aquilo a que chamaram "divindade" ou "deidade". E, assim, determinaram construir casas amplas e soberbas para reverenciar o nome daquele poder supremo. Acharam, além disso, que deviam individualizar aquelas casas também no nome, além da forma, para as diferenciar daquelas construídas para os homens morarem, e as chamaram de "templos". Entenderam, também, que deveriam ordenar homens maduros e de bons hábitos como ministros, que fossem consagrados e que ficassem distantes de qualquer atração mundana, dedicando-se apenas aos serviços da divindade, e os chamaram de "sacerdotes".[63] Além disso, para representar a imaginada essência divina, fizeram magníficas estátuas de vários formatos e, para seu serviço, vasilhames de ouro, mesas de mármore, roupas de púrpura e outros apetrechos destinados aos sacrifícios que estabeleceram. E para que não se fizesse a uma tal potência honras tácitas ou quase mudas, acharam que ela deveria ser aplacada e propiciada com palavras poderosas. Como achavam que ela excedia qualquer outra coisa em nobreza, quiseram encontrar, longe de qualquer estilo baixo ou comum de falar, palavras dignas de serem pronunciadas diante da divindade, pelas quais lhe oferecessem preces sagradas. Além disso, para que tais palavras parecessem mais eficazes, quiseram que fossem compostas de acordo com certos ritmos que transmitissem alguma doçura e afastassem os desgostos e os aborrecimentos. E isso, naturalmente, convinha que se fizesse de uma forma artística, refinada e nova, e não vulgar e corriqueira. A essa forma os gregos chamam *poetes*, e a partir daí se chamou *poesis* o que se fazia de acordo com aquela forma e se chamaram *poetas* os que faziam aquilo ou que falavam daquela maneira.[64]

Foi essa, portanto, a origem do nome da poesia e, consequentemente, dos poetas, embora outros lhes atribuam outras razões, talvez boas. Mas eu gosto mais desta.[65]

Aquela intenção boa e louvável dos tempos rudes levou, entretanto, a que muitos inventassem várias novidades naquele mundo nascente, para que pudessem aparecer. Então, enquanto os primeiros honravam uma única divindade, os que vieram depois mostraram que os deuses eram muitos, embora admitissem que aquele primeiro fosse o mais importante. Viraram deuses então o Sol, a Lua, Saturno, Jove e cada um dos outros sete planetas, servindo para sua divinização os efeitos que causavam.[66] Também por causa de seus efeitos, qualquer coisa que fosse útil aos homens, por mais terrena que fosse, virou um deus, como o fogo, a água, a terra e outras coisas assim. A todos eles foram dedicados versos, honrarias e sacrifícios.

Depois, com o passar do tempo, algumas pessoas em diferentes lugares, por suas habilidades, começaram a se salientar no meio da multidão inculta de suas regiões. Resolvendo as disputas não segundo uma lei escrita que ainda não tinham, mas segundo algum instinto de equidade de que eram mais dotados do que os outros e resistindo, com a força que tinham, às coisas adversas que acontecessem, chamaram-se "reis". E passaram a aparecer diante do povo com servos e ornamentos que os outros homens não tinham usado até então e se faziam obedecer. Finalmente, fizeram-se adorar. E conseguiram isso com certa facilidade, pois bastava que existissem pessoas que acreditassem neles; e as pessoas rudes, vendo-os daquele jeito, achavam que eram deuses e não homens.[67]

Aqueles homens, não confiando muito em suas forças, começaram a fortalecer as religiões e, por meio da fé, a amedrontar seus súditos e constrangê-los, pelos sacramentos, a uma obediência que não teriam podido obter pela força. Além disso, puseram-se a divinizar seus pais, seus avós e seus antepassados, de modo que fossem mais temidos e reverenciados pelo povo.

Aquilo tudo não poderia ter sido feito tão facilmente sem a ajuda dos poetas. Seja para aumentar a própria fama, seja para agradar os príncipes, seja para divertir os súditos, ou seja para persuadir cada pessoa a se comportar de maneira virtuosa – o que com palavras diretas teria provocado o contrário de suas intenções –, os poetas faziam com que acreditassem naquilo que os príncipes quisessem que se acreditasse. Com ficções variadas e magistrais, aplicavam aos novos deuses e aos homens que fingiam terem nascido dos deuses o mesmo estilo que os primeiros homens usaram somente para louvar o verdadeiro Deus. Foi assim como se passou a igualar os feitos dos homens fortes aos dos deuses. E daí nasceu cantarem com versos excelsos as batalhas e os outros feitos notáveis dos homens, misturados com os dos deuses; o que foi e ainda hoje é, junto com as outras coisas ditas acima, ofício e trabalho de todo poeta. E como muitos que não sabem acreditam que a poesia não seja outra coisa a não ser um modo fantasioso de falar, quero demonstrar brevemente, para além do que prometi, que ela é uma teologia; e depois direi por que se coroam os poetas com louro.

XXII

Defesa da poesia

Se quisermos deixar de lado toda altivez e julgar racionalmente, acho que com facilidade poderemos ver que os antigos poetas imitaram, tanto quanto é possível ao engenho humano, o exemplo deixado pelo Espírito Santo. Como vemos na Sagrada Escritura, ele revelou seus segredos às gerações futuras pela boca de muitos, fazendo-os falar de maneira velada sobre coisas que a seu tempo devido pretendia mostrar claramente por meio de ações concretas. Por isso, se prestarmos bem atenção em suas obras, veremos que, a fim de que o imitador não parecesse diferente do imitado, eles descreveram, sob o véu de algumas ficções, as coisas passadas ou as coisas de seu tempo, ou as que desejavam ou presumiam que deveriam acontecer no futuro. E é por isso que, usando as palavras de Gregório[68], ambas as escrituras poderiam receber o mesmo elogio, embora não visassem um mesmo fim, mas apenas um mesmo modo de se expressar, que é o que mais me interessa agora. Ele diz, a respeito das Sagradas Escrituras, o que se pode dizer sobre a poesia, ou seja, que ela, ao narrar, ao mesmo tempo abre o texto e o mistério que ele encobre. Assim, ela ao mesmo tempo exercita os sábios e conforta os simples, tem com o que alimentar abertamente as crianças e, ocultamente, com o que manter a admiração em suspenso nas mentes dos sublimes especialistas. Por isso a poesia parece, por assim dizer, um rio ao mesmo tempo raso e profundo, que um cordeirinho atravessa a pé e onde um grande elefante nada espaçosamente. Mas convém agora passarmos a verificar o que venho expondo.

A Escritura Divina, que nós chamamos "teologia", se propõe a nos mostrar, ora através de alguma história, ora pelo significado de alguma visão, ora com a explicação de algum lamento e de muitas outras maneiras, o alto mistério da encarnação do Verbo divino, sua vida, as coisas que aconteceram quando de sua morte, sua ressurreição vitoriosa e a admirável ascensão e todos os seus outros feitos para que nós, assim instruídos, possamos chegar àquela glória que Ele abriu para nós, morrendo e ressuscitando, e que tanto tempo nos esteve velada por causa da culpa do primeiro homem. Do mesmo modo, os poetas, nas suas obras a que nós chamamos "poesia", ora imaginando vários deuses, ora com metamorfoses de homens em várias formas e ora com persuasões graciosas, nos mostram as razões das coisas, os efeitos das virtudes e dos vícios e o que nós devemos evitar ou seguir para chegarmos, agindo virtuosamente, àquele fim que eles acreditavam ser a suma salvação, embora não conhecessem com clareza o Deus verdadeiro. O Espírito Santo quis mostrar na sarça verdejante, em que Moisés viu a Deus como uma chama ardente[69], a virgindade daquela que foi a mais pura das criaturas e deveria ser a morada e o abrigo do Senhor na natureza e que não se devia contaminar nem com a concepção nem com o parto do Verbo do Pai. Através da visão que teve Nabucodonosor[70], da estátua feita de vários metais que foi abatida por uma pedra e se converteu em montanha, Ele quis mostrar como todas as idades passadas se deveriam arruinar perante a doutrina de Cristo que foi e é a pedra viva; e como a religião cristã, nascida daquela pedra, se deveria transformar numa coisa imóvel e perpétua como são os montes. E quis mostrar, com as lamentações de Jeremias, a destruição futura de Jerusalém.

Da mesma forma, quando os nossos poetas imaginam que Saturno teve muitos filhos e que devorou a todos, menos quatro, o que querem, com tal ficção, é nos mostrar Saturno como se fosse o tempo, no qual todas as coisas acontecem. E como é ele quem as produz, ele também corrompe todas e reduz todas a nada. Os quatro filhos que ele não devorou foram: Jove, que é o elemento do fogo; Juno, esposa e irmã de Jove, que é o ar, pelo qual o fogo opera aqui embaixo seus efeitos; Netuno, o deus do mar, que é o elemento da água; e o último, Plutão, deus do inferno, que é a terra, o mais baixo de todos os elementos.[71]

Da mesma maneira os nossos poetas imaginam que Hércules foi transformado de homem em deus[72] e Licaone[73], em lobo. Querem nos mostrar, do ponto de vista moral, que o homem que age virtuosamente, como fez Hércules, torna-se um deus junto aos outros no céu; e que o que age de maneira perversa, como fez Licaone, embora pareça um homem, na verdade se assemelha mais ao animal que tiver o defeito mais parecido com o seu. Por isso é que Licaone, por causa de sua rapacidade e avareza, que são características do lobo, foi representado como tendo sido convertido em lobo.

Da mesma maneira os nossos poetas imaginaram a beleza dos Campos Elísios, pela qual eu entendo a doçura do Paraíso, assim como a escuridão de Dite[74], pela qual tomo a amargura do inferno. Assim, fazem com que nós, atraídos pelo prazer de um e espantados pela dor do outro, sigamos as virtudes que nos levarão ao Elísio e fujamos dos vícios que nos precipitariam em Dite.

Não vou explicar aqui com maiores detalhes essas coisas. Sei que seria apropriado e que eu poderia fazê-lo e, com isso, tornar mais agradável e mais convincente a minha argumentação, mas suspeito que isso me levaria muito além de aonde o meu principal assunto me chama e até lá não quero ir. E, de fato, se não dissesse nada mais do que já foi dito, bastaria para que se compreendesse que a teologia e a poesia coincidem quanto à forma de se expressarem; quanto ao assunto, porém, devo dizer que não apenas são muito diferentes como são até mesmo opostas em alguns aspectos: o assunto da sagrada teologia é a verdade divina, e o da poesia antiga, os deuses dos pagãos e os homens. São opostas porque a teologia não pressupõe nada que não seja verdadeiro, enquanto a poesia supõe como verdadeiras algumas coisas que são falsíssimas, erradas e contrárias à religião cristã. Mas porque alguns insensatos se insurgem contra os poetas, dizendo que compuseram fábulas vergonhosas e completamente em desacordo com qualquer verdade, quando deveriam mostrar sua capacidade e expor aos homens sua doutrina de outra maneira que não através de fábulas, quero então seguir um pouco mais adiante com meu raciocínio.

Vejam eles, então, as visões de Daniel, as de Isaías, as de Ezequiel e dos outros do Antigo Testamento, descritas com pena divina e mostradas por Aquele para quem não houve princípio nem haverá fim. Vejam, ainda, no Novo Testamento, as visões do evangelista, cheias, para quem entende, de maravilhosa verdade: se nenhuma fábula poética se encontra tão distante da verdade ou do verossímil quanto aquelas se encontram, em muitas partes, do significado literal, só então se poderá conceder que apenas os poetas contaram fábulas que não podem agradar nem dar frutos.

Eu poderia ficar sem falar nada sobre a censura que fazem aos poetas por mostrarem suas ideias em fábulas ou por meio de fábulas. Mas ao ver que aquela gente, ao repreender levianamente os poetas por causa daquilo, passa a reprovar, sem perceber, aquele Espírito que não é outra coisa senão a via, a vida e a verdade, quero dar uma satisfação a eles.

É sabido que qualquer coisa que se conquiste com fadiga tem mais doçura que o que vem sem trabalho. A verdade evidente deleita, mas sai logo da memória, porque é logo entendida com pouco esforço. Os poetas, então, esconderam suas verdades debaixo de coisas aparentemente muito contrárias a elas, para que assim fossem entendidas com dificuldade e seu entendimento fosse assim mais grato e com isso se conservasse melhor. E por isso criaram fábulas, para que com sua beleza atraíssem aqueles que nem as demonstrações filosóficas nem as persuasões tinham conseguido cativar. O que diremos, então, dos poetas? Julgaremos que tenham sido homens insensatos, como querem os desatinados de hoje, que não sabem o que falam? Certamente que não. Antes, foram de um sentimento profundíssimo em suas obras, no que diz respeito ao que se esconde no fruto, e de uma eloquência excelente e adornada quanto à casca e à frondosidade aparente. Mas voltemos aonde estávamos.

Digo que a teologia e a poesia podem ser consideradas quase como uma mesma coisa quando o assunto de que tratam for o mesmo. E digo mais: que a teologia nada mais é que uma poesia de Deus. Pois que outra coisa é, senão uma ficção poética, quando a escritura diz que Cristo é ora leão, ora cordeiro, ora verme, ou então dragão ou pedra ou muitas outras coisas que seria demorado enumerar? Que outra coisa são as palavras do Salvador no Evangelho, senão um falar alheio aos sentidos, ao qual nós com uma palavra mais comum chamamos de "alegoria"?

Fica, portanto, bastante claro não somente que a poesia é teologia, mas também que a teologia é poesia. Por certo, se as minhas palavras merecerem pouca credibilidade em um assunto tão importante, não vou me ofender; mas acreditem em Aristóteles, que é testemunho digníssimo de todas as coisas importantes e que afirma que ele próprio descobriu que os poetas foram os primeiros teólogos.[75]

E isso basta quanto a esse assunto. Voltemos para mostrar por que apenas aos poetas, dentre os homens de saber, foi concedida a honra da coroa de louros.

XXIII

Do louro concedido aos poetas

Dentre todas as muitas nações sobre o círculo da Terra[76], acredita-se que os gregos foram os primeiros aos quais a filosofia se abriu, a si e a seus segredos. De seus tesouros eles extraíram os conhecimentos militares, a vida política e muitas outras coisas preciosas pelas quais se fizeram mais famosos e dignos de reverência do que qualquer outra nação. Mas dentre muitas das coisas extraídas daquele tesouro por eles estava a santíssima sentença de Sólon colocada no princípio deste pequeno trabalho; e para que sua república, que então florescia mais que nenhuma outra, andasse e ficasse erguida sobre seus dois pés, organizaram e observaram magnificamente os castigos aos culpados e as recompensas aos valorosos. Mas dentre todos os prêmios estabelecidos por eles para os que procedessem bem, o principal consistia em coroar em público e com o público consentimento, com uma coroa de louros, os poetas, quando tivessem concluído vitoriosamente seus trabalhos, e os chefes que tivessem aumentado vitoriosamente a república. Julgaram que se devia conceder glória igual aos que conservavam e aumentavam as coisas humanas por sua virtude e aos que tratavam das coisas divinas. E embora os gregos tenham sido os inventores dessa honraria, logo em seguida passou para os latinos, quando a glória e as armas espalharam por todo o mundo o nome romano; e até hoje, pelo menos quanto à coroação dos poetas (ainda que ocorra rarissimamente), ainda perdura.

Mas creio que não será desagradável saber por que o louro e não qualquer outro ramo foi o escolhido para tal coroação.

XXIV

Origem desse costume

Porque sabem que Dafne[77] foi amada por Febo e transformada em loureiro e porque Febo foi o primeiro inventor e estímulo dos poetas e grande poeta ele mesmo, alguns acreditam que por amor àqueles ramos coroava com eles sua cítara e seus troféus. Isso, que Febo foi o primeiro a fazer, os homens teriam tomado como exemplo e essa seria a razão pela qual até hoje os poetas e imperadores são coroados com aqueles ramos. Essa opinião por certo não me desagrada, nem nego que possa ter ocorrido dessa maneira, mas, ainda assim, vejo outra razão, que é a seguinte. Segundo querem aqueles que investigaram as virtudes das plantas e sua natureza, o louro, entre suas muitas outras propriedades, tem três muito notáveis: a primeira, como podemos bem ver, é que jamais perde seu verdor ou sua folhagem; a segunda é que não se tem notícia de que essa árvore tenha jamais sido fulminada por raio, o que não se lê a respeito de nenhuma outra árvore; a terceira, que ela é perfumadíssima, como todos podem sentir. Essas três qualidades, os antigos que inventaram essa honraria estimaram que correspondiam às obras virtuosas dos poetas e dos imperadores vitoriosos. Em primeiro lugar, disseram que o verdor perpétuo desses ramos demonstrava que a fama de suas obras, ou seja, dos que com eles se coroavam ou se coroariam no futuro, estaria sempre viva. Depois, estimaram que suas obras tinham um tal poder que nem o fogo da inveja nem o fulgor do decorrer do tempo, que tudo consome, poderiam jamais fulminá-las, assim como o fulgor celeste não fulminava aquela árvore. E, ademais, disseram que as obras daqueles a quem me refiro jamais ficariam menos agradáveis e graciosas a quem as ouvisse ou lesse por causa da passagem do tempo, mas seriam sempre agradáveis e perfumadas. Assim, merecidamente, a coroa era feita para aqueles homens com tais ramos e não com outros, pois seus efeitos, tanto como podemos ver, eram correspondentes. Por isso, não sem razão o nosso Dante desejava ardentemente essa honra, ou seja, esse testemunho de uma tão grande virtude como essa é para os que se fazem coroar com ela. Mas é hora de voltar ao lugar de onde partimos quando entramos nesse assunto.

XXV

Caráter de Dante

Nosso poeta, além do que já dissemos, foi de ânimo elevado e muito altivo. Tanto é assim que, procurando, por meio de um amigo a quem tinha pedido ajuda, poder voltar a Florença, que era o que desejava mais do que qualquer outra coisa, o único modo que se encontrou para isso, junto aos que naquele tempo detinham o poder na república, foi que ele por um certo tempo ficasse na prisão e depois, em alguma solenidade pública, fosse oferecido misericordiosamente a nossa catedral e ficasse, assim, livre e isento de qualquer condenação que lhe tivesse sido imposta no passado.[78] Isso lhe pareceu convir e ser aplicável aos homens mais baixos e infames e não a outros, de modo que, apesar de seu imenso desejo, preferiu continuar no exílio a voltar para sua casa por tal caminho. Ó, desdém louvável por magnânimo, como agiste virilmente, reprimindo o ardente desejo de retornar por caminho menos que digno para um homem nutrido no seio da filosofia!

Do mesmo modo era o conceito que tinha de si mesmo e não lhe parecia valer menos do que valia, conforme contam seus contemporâneos. Isso, entre tantas outras vezes, apareceu muito evidente uma vez, quando estava com seus partidários no mais alto governo da república.⁷⁹ Aconteceu que o papa Bonifácio VIII⁸⁰, atendendo a um pedido daqueles que estavam na oposição, chamou Carlos, irmão ou parente de Felipe, rei da França, para pôr ordem na situação de nossa cidade. Todos os chefes do partido a que Dante pertencia reuniram-se em conselho para tratar do assunto e resolveram, entre outras coisas, que uma embaixada deveria ser enviada ao papa, que então estava em Roma, para convencer o dito papa a impedir a vinda do dito Carlos, ou, senão, que ele viesse de acordo com os termos que acertasse o partido que governava. E no momento de deliberar sobre quem deveria ser o chefe daquela legação, todos disseram que fosse Dante. Diante desse pedido Dante, depois de refletir, disse: "Se eu for, quem ficará? Se eu ficar, quem irá?". Como se ele fosse o único que valesse dentre todos e por quem todos os outros valessem. Suas palavras foram entendidas e aceitas, mas o que delas se seguiu não diz respeito ao presente assunto e por isso, passando adiante, paro aqui.

Além disso, esse homem valoroso foi fortíssimo em todas as suas adversidades. Apenas em uma coisa não sei se posso dizer que ele tenha sido impaciente ou impulsivo: e foi depois que partiu para o exílio, em seu comportamento com relação a seu partido político, que não condizia com sua capacidade e pelo qual ele não admitia ser julgado. E para que se veja até que ponto foi tão impulsivo e pertinaz, creio que devo escrever um pouco mais sobre isso.

Creio que uma justa ira de Deus permitiu, há muito tempo, que se dividissem em dois partidos quase toda a

Toscana e a Lombardia. Não sei de onde teriam tirado seus nomes, mas um se chamou e se chama "partido guelfo" e o outro foi chamado "guibelino".[81] E tanto carisma e respeito aqueles dois nomes impuseram nos ânimos tolos de muitos que, se algum deles tivesse que se defender contra o partido oposto, não lhe importava perder seus bens e até mesmo a vida, se fosse necessário. E por causa daqueles nomes, muitas vezes as cidades italianas suportaram pesadíssimas opressões e mudanças. E entre elas a nossa cidade, que era quase como a sede principal de cada um daqueles nomes, de acordo com as mudanças promovidas pelos cidadãos. Assim, os antepassados de Dante, por serem guelfos, foram expulsos duas vezes de suas casas pelos guibelinos, e ele, por sua vez, na qualidade de guelfo, teve as rédeas da república em Florença.[82] Tendo sido expulso dela, como mostrei, não pelos guibelinos, mas pelos guelfos[83], e vendo que não podia voltar, mudou tanto seu ânimo, que ninguém foi um guibelino mais feroz do que ele, nem maior adversário dos guelfos. E do que mais me envergonho, estando a serviço de sua memória, é que na Romanha é coisa conhecidíssima que ele se irritava tanto com qualquer menina ou qualquer menino que falasse sobre os partidos atacando os guibelinos que chegava a lhes atirar pedras se não se calassem. E com essa animosidade viveu até a morte.

Por certo me envergonho de dever macular a fama de tamanho homem com algum defeito; mas a coerência requer que em alguma parte eu trate desse assunto. Até porque, se eu calasse as coisas menos louváveis a respeito dele, tiraria muita credibilidade das louváveis que já mostrei. A ele mesmo, portanto, peço desculpas, se por acaso, enquanto escrevo, ele me observa com olhar desdenhoso desde as altas partes do céu.

Em meio a tanta virtude, a tanta sabedoria, como demonstrei que tinha esse admirável poeta, encontrou lugar amplíssimo a luxúria e não somente nos anos de juventude, mas também na idade madura. É um vício que, embora natural e corrente e quase que até mesmo necessário, não se pode verdadeiramente louvar nem mesmo desculpar condignamente. Mas quem, dentre os mortais, poderá ser um juiz justo para condená-lo? Eu não.

Ó, pouca firmeza, ó, apetite bestial dos homens, quanta coisa as mulheres podem em nós, se quiserem, se tantas coisas elas podem mesmo não querendo. Elas têm o fascínio, a beleza e o apetite natural que por elas peroram constantemente no coração dos homens. E tanto isso é verdade que podemos mostrar algumas coisas que ninguém pode negar, deixando de lado o que fizeram Jove por Europa, ou Hércules por Iole, ou Páris por Helena[84], pois, como são coisas poéticas, muitos dotados de pouco sentimento as considerariam meras fábulas. Existiria já no mundo mais do que uma mulher, quando nosso primeiro pai, abandonando a ordem que lhe fora dada pela própria boca de Deus, se deixou levar por suas persuasões? Por certo que não. E David, que apesar de ter muitas mulheres, apenas vendo Betsabé, por ela esqueceu Deus, seu reino, a si próprio e sua honradez e se tornou adúltero e depois homicida? Que podemos imaginar que teria feito, se ela lhe tivesse ordenado alguma coisa?[85] E Salomão, cuja sabedoria jamais foi igualada por ninguém, a não ser pelo filho de Deus, não abandonou Aquele que o havia feito sábio e para agradar a uma mulher se ajoelhou e adorou Baal?[86] E o que fez Herodes?[87] E tantos outros, por nada mais movidos do que agradar a elas? Portanto, nosso poeta pode seguir, não perdoado, mas acusado com menor rigor do que se estivesse nisso sozinho. E baste, por agora, ter contado isso sobre seus hábitos mais notáveis.

XXVI

Das obras compostas por Dante

Esse glorioso poeta compôs muitas obras ao longo de sua vida, das quais é conveniente fazer uma lista organizada, para que ninguém se aproprie delas, nem que a ele sejam por acaso atribuídas as de outros. Primeiro, perdurando ainda as lágrimas pela morte de sua Beatriz e pouco antes de cumprir vinte e seis anos[88], reuniu em um pequeno volume, o qual intitulou *Vida nova*, algumas pequenas obras, como sonetos e canções, maravilhosamente belas, que tinha composto anteriormente. Antes de cada uma, em separado e ordenadamente, escreveu as razões que o haviam levado a escrevê-las, explicando, em seguida a cada uma delas, sua estrutura. E embora em sua idade madura ele se envergonhasse muito de ter feito esse pequeno livro[89], se considerarmos sua idade ele é, todavia, muito belo e agradável, sobretudo para quem aprecia a literatura vulgar.[90]

Muitos anos depois daquela compilação, tendo chegado ao mais alto governo da república, de onde se pode conhecer muita coisa, podia ver dali como era a vida dos homens, quais os erros da maioria das pessoas e como eram poucos e dignos de serem honrados os que não erravam, assim como eram merecedores de censura todos os outros. Condenando os valores desses últimos e tendo em grande consideração os seus próprios, veio-lhe à mente um elevado pensamento e se propôs, de uma só vez, isto é, em uma única obra, mostrando toda sua capacidade, a repreender com grandes penas os viciosos e a honrar com grandes prêmios os virtuosos, proporcionando a si mesmo uma glória perpétua. E porque havia colocado a poesia acima de qualquer outro estudo, como já vimos, decidiu compor uma obra poética. Tendo antes muito meditado sobre o que deveria fazer, começou, aos 35 anos, a realizar o que havia premeditado, isto é, castigar ou premiar a diversidade da vida dos homens, de acordo com seus méritos. Vendo que aquelas vidas podiam ser de três tipos, ou seja: viciosas; deixando o vício e conduzindo-se para a virtude; ou virtuosas, dividiu sua obra em três livros, admiravelmente reunidos em um volume, começando pela punição das viciosas e terminando pela premiação das virtuosas, e o intitulou *Comédia*.[91] Cada um dos três livros ele dividiu em cantos e os cantos, em tercetos, como se pode ver facilmente. E o compôs em língua vulgar com tão admirável e tão bela organização que ninguém até hoje pôde criticá-lo por nenhum motivo. Aqueles a quem foi dada a capacidade de entender podem ver com quanta sutileza ele poetizou em todo o volume. Mas, como vemos que as coisas grandes não podem ser realizadas em tempo breve, devemos compreender que não teria sido possível completar, em pouco tempo, uma iniciativa tão ambiciosa, tão grande e tão meditada. Sobretudo, se empreendida por um homem sacudido por muitos e variados acidentes do destino, todos cheios de angústias e envenenados de amarguras, como mostrei que foi o caso de Dante. Por isso dedicou-se, contínua e incansavelmente, a esse importante trabalho, desde quando eu indiquei que se entregou a ele, até o final de sua vida, sem que tivesse deixado de compor, apesar desta obra, outras ao mesmo tempo, como se verá. E não será excessivo tocar, brevemente, em alguns acontecimentos que ocorreram em torno de seu princípio e de seu fim.

Assim é que, enquanto ele estava com a atenção posta em seu glorioso trabalho e já tinha composto sete cantos da primeira parte, a que intitula *Inferno*, imaginando admiravelmente e poetando como cristianíssimo e não como pagão – o que jamais tinha sido feito antes a respeito de um tal assunto –, aconteceu o penoso incidente de sua expulsão ou fuga, chame-se como quiser – e, por causa dele, teve que abandonar aquele seu trabalho e tudo o mais e ficou vagando por muitos anos, incerto de si mesmo, junto a diversos amigos e príncipes. Mas, como devemos certissimamente crer que às coisas que Deus dispõe o destino nada pode opor e, mesmo que possa retardar, não as pode desviar do fim devido, aconteceu que alguém, indo atrás de alguns escritos que talvez lhe fossem úteis, procurando entre as coisas de Dante em certo cofre guardado às pressas em lugares sagrados, na época em que a plebe ingrata e desordenada tinha acorrido tumultuosamente a sua casa (mais ávida por butins que por uma justa vingança), encontrou aqueles sete cantos compostos por Dante. Admirado, leu-os sem saber o que eram e, tendo gostado imensamente, com astúcia tirou-os de onde estavam e os levou a um nosso concidadão, cujo nome era Dino, filho de Lambertuccio, que naquela época era um famosíssimo poeta de Florença.[92] Ao vê-los, Dino, que era um homem de alta inteligência, admirou-se tanto quanto quem os tinha levado a ele, fosse pelo estilo belo, trabalhado e elegante, fosse pela profundidade do que estava dito e que lhe parecia perceber por trás do véu das palavras. Por esses motivos e pelo lugar de onde tinham sido tirados, os dois estimaram que fossem, como eram, obra de Dante. Lamentando que tivessem ficado inacabados e não podendo presumir como terminariam, ambos deliberaram descobrir onde estava Dante e enviar-lhe aquilo que haviam encontrado para que ele, se possível, desse àquilo que começara o fim que teria imaginado. Descobrindo, depois de algumas investigações, que ele estava com o marquês Morruello, escreveram, não a ele, mas ao marquês, comunicando aquele seu desejo e enviando os sete cantos. Quando os viu, o marquês, que era homem muito culto, gostou muito e mostrou a Dante, perguntando-lhe se sabia de quem eram. Dante logo os reconheceu e disse que eram seus. Então o marquês lhe pediu que lhe fizesse a cortesia de não deixar sem o devido final um começo tão primoroso. Dante então respondeu: "Eu estava tão certo de ter perdido isso, com muitos outros de meus livros, na devastação que se abateu sobre minhas coisas, que, por isso mesmo e pela multidão de outras preocupações que se sucederam por causa de meu exílio, já havia abandonado completamente o alto projeto dessa obra. Mas, já que o destino inopinadamente a trouxe de volta e que ela lhe agradou, vou procurar reavivar em minha memória o projeto original e realizá-lo como melhor me for dado". E recuperando, depois de algum tempo, não sem muito trabalho, as grandes linhas do projeto abandonado, continuou assim:

"Eu digo, prosseguindo, que bem antes" etc.[93], onde se pode bem perceber e com clareza a concatenação da obra interrompida.

Recomeçando assim Dante sua magnífica obra, não foi sem outras muitas interrupções, segundo alguns poderiam imaginar, que ele a concluiu. Muitas vezes, pelo contrário, ou por meses ou por anos, segundo requeresse a gravidade dos fatos ocorridos, teve que ficar sem trabalhar nela. Nem tampouco lhe foi possível se apressar de modo a poder publicá-la antes que a morte o colhesse.

Era seu hábito, logo que mais ou menos seis ou oito cantos tivesse feito e antes que alguém mais os visse, enviá-los de onde quer que estivesse ao senhor Cangrande della Scala[94], a quem admirava mais que a qualquer outro homem; depois que tivessem sido vistos por ele, fazia cópias para quem quisesse. E, desse modo, tendo-lhe enviado todos, salvo os últimos treze cantos, que já tinha composto, morreu sem os haver ainda mandado nem dado a ninguém notícias de que os havia terminado. Por muitos meses e muitas vezes, seus filhos e discípulos procuraram entre todos os seus escritos, para ver se encontravam a conclusão de sua obra, mas não houve maneira de encontrarem os cantos que faltavam. Todos os seus amigos, consternados, lamentando que Deus não houvesse pelo menos concedido ao mundo que ele pudesse ter concluído a pequena parte que faltava de sua obra, não podendo encontrá-la, se desiludiram e pararam de procurar.

Os filhos de Dante, Iacopo e Pietro[95], ambos poetas, persuadidos por alguns amigos, começaram a tentar, dentro de suas possibilidades, suprir a obra paterna, para que não ficasse incompleta. Foi quando, então, apareceu a Iacopo, que era muito mais empenhado que o outro, uma visão admirável, que não apenas os demoveu daquela tola presunção como lhes mostrou onde estavam os treze cantos que faltavam à divina *Comédia*[96] e que eles não tinham sabido encontrar.

Um ilustre cidadão de Ravena, chamado Pietro Giardino[97], que por muito tempo foi discípulo de Dante, contava que, já passados oito meses da morte de seu mestre, o já citado Iacopo foi a sua casa uma noite, perto da hora que chamamos "matutina"[98], e lhe disse que naquela noite, pouco antes daquela hora, tinha visto seu pai, Dante, em sonho, vindo a ele vestido com uma roupa candidíssima e com o rosto resplandecendo de uma luz fora do comum. Pareceu-lhe que perguntava ao pai se estava vivo e ouviu dele, como resposta, que sim, mas com a verdadeira vida, não a nossa. E lhe pareceu também que lhe perguntava, além disso, se tinha terminado sua obra antes de passar à verdadeira vida e, se a tivesse terminado, onde estava a parte que faltava, que não haviam podido encontrar jamais. A isso lhe pareceu ouvir uma segunda resposta: "Sim, eu a terminei". E então lhe pareceu que o pegava pela mão e o levava àquele quarto onde costumava dormir quando vivia nesta vida; e tocando num lugar do cômodo, dizia: "Aquilo que vocês tanto procuraram está aqui". E, dito isso, pareceu-lhe que o sonho e Dante foram embora ao mesmo tempo.

Por tudo aquilo, afirmava que não podia não lhe contar o que tinha visto, para que juntos fossem procurar no lugar indicado a ele, o qual tinha guardado perfeitamente na memória, para verem se fora um verdadeiro espírito ou uma falsa ilusão quem lhe mostrara aquilo. Assim, faltando ainda uma porção da noite, indo juntos chegaram ao lugar indicado e ali encontraram uma esteira pregada na parede, que retiraram sem dificuldade e viram na parede um nicho, que nenhum deles tinha jamais visto nem sabido que existisse ali e nele encontraram alguns manuscritos, todos mofados por causa da umidade da parede e já quase se desfazendo, se por acaso ficassem por mais tempo ali. Limpando cuidadosamente o mofo, leram e viram que continham os treze cantos que tanto tinham procurado. Ficaram contentíssimos com isso e, depois de transcrevê-los, enviaram primeiro, conforme o hábito do autor, ao senhor Cangrande e depois os acrescentaram à obra inacabada, como convinha. Dessa maneira, a obra compilada durante muitos anos viu-se, finalmente, concluída.

Muitos – e dentre esses alguns homens sábios – formulam geralmente uma questão que é a seguinte: por que Dante, que era um homem cultíssimo, dispôs-se a compor no idioma florentino um livro tão magnífico, tão notável e de assunto tão elevado como é esta sua *Comédia*? Por que, em vez disso, não o compôs em versos latinos, como fizeram os outros poetas que o antecederam? Para responder a essas perguntas, dentre muitas outras razões, duas me parecem ser as principais. A primeira delas é que foi para fazê-lo útil à maioria de seus concidadãos e aos outros italianos, pois sabia que, se escrevesse em versos latinos, como os outros poetas anteriores, teria sido útil apenas para as pessoas cultas; escrevendo, porém, em vulgar, produziu uma obra nunca antes realizada, que, sem deixar de ser entendida pelas pessoas cultas, mostrando a beleza do nosso idioma e sua excelente maestria em utilizá-lo, proporcionou um deleite e uma compreensão igual aos incultos, abandonados até então por todos.

A segunda razão que o motivou foi a seguinte. Via que os estudos liberais estavam completamente abandonados, sobretudo pelos príncipes e pelos outros grandes homens, a quem costumavam ser dedicados os trabalhos poéticos, e que as divinas obras, tanto de Virgílio quanto dos outros insignes poetas, eram não apenas tidas em pouca conta, mas até mesmo quase desprezadas pela maioria. Tendo começado deste modo, conforme requeria o elevado da matéria,

Ultima regna canam, fluido contermina mundo
spiritibus quae lata patent, quae premia solvunt
pro meritis cuicumque suis, etc.

[Cantarei os reinos últimos, que confinam com o
                                      mundo sulcado pelo rio,
que se abrem amplos às almas, que recompensam
a cada um de acordo com seus méritos]

abandonou-o e, imaginando que fosse vão colocar crostas de pão na boca de quem ainda sugava leite, recomeçou sua obra em estilo adaptado à sensibilidade moderna e a continuou em vulgar.[99]

Conforme afirmou alguém, ele dedicou esse livro da *Comédia*, segundo sua tríplice divisão, a três distintíssimos homens italianos, a cada um a sua, assim: a primeira parte, isto é, o *Inferno*, dedicou a Uguccione della Faggiuola, que era na época o admiravelmente glorioso senhor de Pisa, na Toscana; a segunda parte, isto é, o *Purgatório*, dedicou ao marquês Moruello Malespina; a terceira parte, isto é, o *Paraíso*, a Frederico III, rei da Sicília. Alguns sustentam que dedicou tudo ao senhor Cangrande della Scala, mas, qualquer que seja a verdade entre essas duas versões, só temos mesmo as opiniões de uns e outros. Mas esse assunto tampouco é tão importante que requeira uma investigação mais apurada.

Este egrégio autor fez também um livro em prosa latina, quando da vinda do imperador Henrique VII, intitulado *Monarquia*, que é dividido em três livros, segundo as três questões que ali expõe. No primeiro, discute e prova, com argumentos lógicos, de que para o bem-estar do mundo é necessário que exista um único império. No segundo, utilizando argumentos históricos, mostra como Roma teve razão em obter o poder imperial, e essa é a segunda questão. No terceiro, usando argumentos teológicos, prova que a autoridade imperial procede diretamente de Deus e não de algum vigário seu, como parecem querer os eclesiásticos, e essa é a terceira questão.

Muitos anos depois da morte do autor, esse livro foi condenado pelo cardeal Beltrando del Poggetto, legado pontifício na região da Lombardia, no papado de João XXII. E a razão disso foi a seguinte. Luís, duque da Baviera, tendo sido eleito rei dos romanos pelos eleitores da Alemanha, foi para Roma para ser coroado contra o desejo do papa João. Chegando em Roma e contrariando as normas eclesiásticas, designou como papa a um frade menor chamado Pietro della Corvara, fez vários cardeais e bispos e lá se fez coroar por esse papa. Tendo surgido, então, muitas dúvidas sobre sua autoridade, ele e seus seguidores encontraram aquele livro e começaram a usar muitos dos argumentos nele contidos para a defenderem e a si próprios; por isso o livro, que até então era pouco conhecido, ficou muito famoso. Mas depois, quando Luís voltou para a Alemanha e seus seguidores, sobretudo os clérigos, perderam poder e se dispersaram, aquele cardeal, não tendo ninguém que se opusesse a ele, recolheu o tal livro e publicamente o queimou, como se contivesse coisas heréticas. E tentou fazer o mesmo com os ossos do autor, para eterna infâmia e condenação de sua memória.[100] Mas a isso se opôs um nobre e valoroso cavalheiro florentino, chamado Pino della Tosa, que estava em Bolonha, onde aquilo estava sendo tratado e a quem se juntou o senhor Ostagio da Polenta[101], ambos muito poderosos junto ao referido cardeal.

Além daquilo, Dante compôs duas églogas belíssimas, que foram dedicadas e enviadas ao mestre Giovanni del Virgilio, de quem foi feita menção anteriormente, em resposta a certos versos que lhe mandara.[102]

Compôs também um comentário em prosa, em língua florentina, sobre três de suas canções longas. Parece que teria pretendido, no começo, comentar todas as suas canções, mas depois, ou porque mudou de ideia ou por falta de tempo, não há mais nenhuma comentada por ele; a essa pequena obra, belíssima e louvável, intitulou *Convívio*.[103]

Depois, já perto da morte, compôs um pequeno livro em prosa latina, o qual intitulou *De Vulgari Eloquentia*[104], no qual pretendeu ensinar a fazer versos em vulgar a quem quisesse aprender. Embora, pelo que diz o texto, ele parecesse estar disposto a escrever sobre isso quatro livros, só apareceram dois, seja porque não os pôde fazer porque a morte o surpreendeu ou seja porque se perderam os outros.

Esse grande poeta escreveu também muitas cartas em prosa latina, das quais muitas ainda se conservam.[105] Compôs muitas canções longas, sonetos e baladas, sobre temas amorosos ou morais, além daquelas que aparecem na sua *Vida nova*.[106] Mas não pretendo tratar disso agora.

Nessas coisas que referi acima, consumiu o preclaro homem aquela parte de seu tempo que pôde subtrair aos suspiros amorosos, às lágrimas piedosas, às solicitudes privadas e públicas e às várias flutuações do iníquo destino. Tudo isso muito mais aceitável para Deus e os homens do que os enganos, as fraudes, as mentiras, os roubos e as traições de que a maior parte dos homens lança mão hoje em dia, procurando por vários caminhos um mesmo objetivo, isso é, ficar rico, como se nisto residisse todo o bem, toda a honra e toda a felicidade. Ó, mentes tolas! Uma mínima parte de uma hora separará o espírito do corpo efêmero e anulará todas essas fadigas vituperáveis! E o tempo, onde todas as coisas se consomem, ou anulará rapidamente a memória do rico, ou a conservará por algum tempo para sua grande vergonha! Isso com certeza não acontecerá com nosso poeta. Pelo contrário, assim como vemos que acontece com os aparatos de guerra, que quanto mais se usam mais brilhantes ficam, também acontecerá com seu nome: quanto mais for batido pelo tempo, mais refulgente se tornará. E, portanto, trabalhe quem quiser suas vaidades e contente-se com que o deixem fazer; e não queiram, com críticas que não entendem, ficar censurando o trabalho virtuoso dos outros.

XXVII

Recapitulação

Mostrei, sumariamente, qual a origem, os estudos, a vida, os hábitos e as obras do esplêndido homem Dante Alighieri, poeta preclaríssimo; e fiz também algumas outras digressões, conforme me permitiu Aquele que concede toda graça. Sei bem que muitos outros poderiam expor tudo isso muito melhor e mais objetivamente, mas não se pede nada mais àquele que faz o que sabe. O fato de eu ter escrito como pude não impede que qualquer outro, que acredite poder escrever isso melhor do que eu, também o faça. Até porque, se em algum momento eu errei, isso dará assunto a outro para escrever e dizer a verdade sobre nosso Dante, o que até agora não encontrei ninguém que tenha feito.[107] Mas meus trabalhos ainda não acabaram. Falta expor uma pequena passagem, que prometi no decorrer desta pequena obra, qual seja, o sonho da mãe de nosso poeta, que ela viu quando estava grávida dele. Pretendo me desincumbir disso o mais brevemente que souber e que puder e terminar meu relato.

XXVIII

Ainda o sonho da mãe de Dante

Aquela nobre senhora se viu, durante a gravidez, aos pés de um altíssimo loureiro e ao lado de uma fonte clara e ali paria um filho, que, como já falei acima, em pouco tempo, alimentando-se com os bagos que caíam daquele loureiro e da água da fonte, se transformava em um grande pastor, que desejava ardentemente as folhas daquele loureiro debaixo do qual estava. Enquanto ele se esforçava para pegá-las, parecia que caía e, de repente, parecia que ela via não mais o pastor, mas um belíssimo pavão. Perturbada com aquela maravilha, a nobre senhora interrompeu aquele doce sonho e não viu mais nada.

XXIX

Explicação do sonho

A bondade divina, que *ab aeterno* prevê as coisas futuras como se fossem presentes, movida por sua própria bondade, costuma advertir-nos por meio de algum aviso, ou por sinais, ou em sonho, ou de qualquer outra maneira, cada vez que a natureza, sua executora universal, está prestes a produzir algo excepcional entre os mortais, a fim de que por esse aviso prévio tenhamos a demonstração de que todo conhecimento reside no Senhor da natureza, produtora de tudo. Se olharmos bem, um tal aviso prévio nos foi dado quando da vinda ao mundo desse poeta de que tanto foi falado acima. E a quem esse aviso poderia ter sido dado, que o visse e recebesse com tanto afeto, senão àquela que deveria ser a mãe do que se mostrava e que, aliás, já o era? Por certo que a ninguém mais. Mostrou a ela, portanto, e o que mostrou já o vimos escrito acima. Mas o que aquilo significava é preciso ver com mais perspicácia. Aquela senhora via no sonho que paria um filhinho e, de fato, assim o fez pouco tempo depois daquela visão. Mas o que significava o alto loureiro debaixo do qual ela pariu é o que precisamos ver.

É opinião dos astrólogos e de muitos filósofos da natureza que os corpos terrestres se produzem e se nutrem por virtude e influência dos corpos celestes e por eles se guiam, se não forem contrarrestados por uma poderosa razão iluminada pela graça divina. Por isso, observando qual corpo celeste está mais presente no grau que se eleva no horizonte no momento em que alguém nasce, conforme for aquele corpo, ou melhor, conforme suas qualidades, dizemos que a todas elas tenderá o recém-nascido. Então, quanto ao loureiro debaixo do qual aquela senhora via que trazia nosso Dante ao mundo, creio que devemos entender a disposição do céu por ocasião de seu nascimento, mostrando que seria magnânimo e dotado de eloquência poética, sendo ambas as coisas representadas pelo loureiro, árvore de Febo, com cujas folhas costumam-se coroar os poetas, como disse acima.

Entendo que os bagos de que se alimentava o menino recém-nascido eram os efeitos que derivavam daquela disposição celeste, conforme já referi. São os livros poéticos e seus ensinamentos, dos quais se alimentou avidamente e com os quais se educou o nosso Dante.

A fonte claríssima, da qual a mãe via que ele bebia, julgo que não se deva entender como outra coisa senão a fecundidade da doutrina filosófica moral e natural. Assim como a fonte procede da fecundidade escondida no ventre da terra, aquelas doutrinas tiram sua essência e sua razão de ser dos abundantes argumentos demonstrativos, que podemos dizer que são semelhantes à fecundidade da terra. Assim como, sem beber, a comida não pode ser bem digerida pelo estômago de quem come, sem eles nenhum conhecimento pode ser assimilado pelo intelecto de ninguém, se não for bem organizado e disposto pelas demonstrações filosóficas. Por isso podemos perfeitamente dizer que ele, com as claras águas, isto é, com a filosofia, acomodou em seu estômago, isto é, em seu intelecto, os bagos com que se alimentou, isto é, a poesia, que, como já disse, ele estudava com todo afinco.

Sua rápida transformação em pastor demonstra a excelência de seu gênio, que repentinamente foi tanto que em breve espaço de tempo compreendeu, pelo estudo, o que era necessário para se tornar pastor, isto é, fornecedor de alimento aos outros engenhos que dele precisam. Como facilmente qualquer um pode entender, há duas espécies de pastores: uma são os pastores corporais, outra, os espirituais. Os pastores corporais são de duas espécies, das quais a primeira é a dos que são vulgarmente chamados por todos de "pastores", ou seja, os guardadores de carneiros ou de bois ou de qualquer outro animal; a segunda são os pais de família, a quem incumbe alimentar, cuidar e educar o rebanho dos filhos, dos servos e de seus outros empregados. Também os pastores espirituais podem ser de duas espécies, das quais uma é a dos que alimentam a alma dos vivos com a palavra de Deus, como os prelados, os predicadores e os sacerdotes, debaixo de cuja responsabilidade estão as almas fracas que lhes forem confiadas; a outra espécie é a dos que são geralmente chamados de doutores, seja em que assunto for, que educam a alma e o intelecto de quem os ouve ou lê e possuem ampla cultura, seja por lerem o que os antigos escreveram ou porque escreveram de novo sobre o que lhes parece que não foi muito claramente escrito ou então foi omitido. Foi nessa espécie de pastor que nosso poeta se converteu subitamente, ou seja, em pouco tempo. E tanto isso é verdade que, deixando de lado as outras obras compostas por ele, basta ver sua *Comédia*, que com a doçura e beleza de seu texto alimenta não apenas os homens, mas também os jovens e as mulheres; e deleita e alimenta os intelectos refinados, depois de tê-los mantido em suspenso com a admirável suavidade dos profundíssimos sentidos ocultos nela contidos.

O fato de se esforçar por alcançar aquelas folhas, com cujos frutos se alimentou, nada mais mostra senão o ardente desejo que teve pela coroa de louros, como acima foi dito, que só se deseja para dar testemunho do fruto. E quando mais ardentemente desejava aquelas folhas, ela disse que viu que ele caía. Essa queda nada mais era senão aquela queda que damos sem nos levantar, que é morrer, o que lhe aconteceu quando mais desejava sua coroação com os louros.

Em seguida, ela disse que o viu se transformar subitamente de pastor em pavão, e por essa transformação podemos bem compreender seu legado, que, embora esteja em todas suas outras obras, vive sobretudo em sua *Comédia*, que, segundo julgo, está em tudo conforme com o pavão, considerando as características de cada um. O pavão, entre outras características, pelo que parece, tem quatro mais notáveis. A primeira é que tem plumagem angelical e nela tem cem olhos[108]; a segunda é que tem pés toscos e andar modesto; a terceira é que tem uma voz muito horrível de se ouvir; e a quarta e última é que sua carne é perfumada e incorruptível.[109] Essas quatro coisas a *Comédia* do nosso poeta possui plenamente. Mas, porque a ordem em que elas se apresentam não pode ser seguida adequadamente, irei tratando, como se verá, ora de uma ora de outra e começarei pela última.

Digo, portanto, que o significado de nossa *Comédia* é semelhante à carne do pavão, porque, seja moral ou teológico o sentido que você quiser dar a qualquer parte do livro que mais lhe agrade, será sempre uma verdade simples e imutável, que não apenas não pode ser corrompida, mas que, quanto mais se examina, mais exala um melhor perfume de sua incorruptível suavidade para os que a apreciam. E disso facilmente se poderiam mostrar muitos exemplos, se o presente trabalho o permitisse. Porém, sem mostrar nenhum, deixo que os entendidos os procurem.

Eu disse que uma plumagem angelical cobria essa carne. Digo "angelical" não porque eu saiba que os anjos têm alguma assim ou de outro modo, mas porque, ouvindo dizer que os anjos voam, conjecturo, como costumamos fazer os mortais, que devam ter plumas. Como não conheço nenhumas, entre nossos pássaros, mais belas nem mais raras do que as do pavão, suponho que as dos anjos devam ser assim. E como os anjos são pássaros mais nobres que os pavões, qualifico a plumagem destes últimos a partir dos primeiros e não a dos primeiros a partir dos últimos. Entendo que a beleza da rara história que ressoa na superfície do sentido literal da *Comédia* seja como a plumagem que cobre seu corpo. Do mesmo modo sua descida ao inferno, onde viu a disposição do lugar e as diversas situações de seus habitantes, sua subida pela montanha do purgatório, onde ouviu as lágrimas e as lamentações dos que estão esperando ser santos e sua ascensão ao paraíso, onde viu a glória inefável dos beatos, história tão bela e tão original que não foi jamais pensada nem ouvida por ninguém, foi dividida em cem cantos, como querem alguns que seja o número de olhos que o pavão tem em sua cauda. E esses cantos distinguem tão habilmente a variedade dos assuntos que vão sendo tratados, como os olhos distinguem as cores ou a diversidade das coisas. Portanto, é uma plumagem verdadeiramente angelical a que cobre a carne do nosso pavão.

Do mesmo modo os pés desse pavão são toscos, e seu andar, quieto, o que se adapta perfeitamente à *Comédia* de nosso autor, pois, assim como parece que o corpo todo se sustenta sobre os pés, assim também parece, *prima facie*, que toda obra composta por escrito se sustenta sobre o modo de falar. A língua vulgar, na qual e sobre a qual se sustenta toda a composição da *Comédia*, é tosca, em comparação com o alto e majestoso estilo literário usado por outros poetas, embora seja mais bela que as outras e mais conforme aos sentimentos atuais. O andar quieto significa a humildade no estilo, que é exigência necessária nas comédias, como sabem os que entendem o que queira dizer "comédia".[110]

Finalmente, digo que a voz do pavão é horrível e a isso perfeitamente se adaptam as palavras do nosso poeta, porque, embora à primeira vista a suavidade de suas palavras seja muita, quem apreciar bem sua substância verá o que digo. Quem grita mais horrivelmente do que ele, quando com inventivas acerbíssimas ataca as culpas de muitos dentre os vivos e castiga as dos mortos? Que voz é mais horrível que a do acusador, para quem estiver disposto a pecar? Com certeza, nenhuma. Com seus exemplos, ele ao mesmo tempo assusta os bons e contrista os maus. Por isso, ao obter esse efeito, pode-se dizer que tem, verdadeiramente, uma voz horrível. E por isso e pelas demais coisas acima referidas, fica claríssimo que aquele que foi pastor enquanto vivo, depois da morte transformou-se em pavão, como se pode acreditar que foi mostrado em sonho a sua querida mãe por inspiração divina.

Sei que esta minha exposição sobre o sonho da mãe do nosso poeta está feita muito superficialmente e isso por várias razões. Primeiramente, porque talvez não houvesse a capacidade necessária para tanto; depois, mesmo que houvesse, não era essa minha principal intenção; finalmente, ainda que houvesse capacidade e intenção, eu estava bem decidido a não dizer mais do que disse, de modo a deixar algo para ser dito por alguém mais capaz do que eu. Portanto, o que foi dito por mim, para mim é mais do que suficiente, e o que ficou faltando, fique aos cuidados de quem vier.

XXX

Conclusão

Meu pequeno barco chegou ao porto para o qual dirigiu sua proa partindo do litoral oposto. Embora o trajeto tenha sido breve e o mar sulcado raso e tranquilo, mesmo assim, graças devem ser dadas Àquele que concedeu vento feliz a suas velas, para que chegasse sem obstáculos. E a Ele rendo graças, não tão grandes como conviria, mas as que posso, com toda humildade, toda devoção e todo afeto, bendizendo eternamente seu nome e seu poder.

De origine, vita, studiis et moribus clarissimi viri
Dantis Aligerii Florentini, poete illustris,
et de operibus compositis ab eodem, explicit.

[Termina o livro Sobre a família, a vida, os estudos e os costumes do preclaro homem Dante Alighieri, florentino, poeta ilustre, e sobre as obras compostas por ele.]

Notas

1. Político, legislador e poeta ateniense, um dos Sete Sábios da Grécia (c. 630-560 a. C.). A fonte de Boccaccio é, seguramente, o item 13 da carta 10 do livro VIII das *Cartas Familiares* de Petrarca, dirigida "Aos Florentinos", que traz a citação deste dito de Sólon.

2. Giovanni Boccaccio nasceu em 1313, em Florença ou numa localidade próxima chamada Certaldo, filho ilegítimo de uma relação anterior ao casamento de Boccaccino di Chelino, que enriquecera no comércio, e de uma mulher de condições humildes, cujo nome se desconhece. Em torno de 1320 o pai de Boccaccio se casaria e teria um segundo filho, Francesco. Antes de casar-se, Boccaccino reconheceria seu filho Boccaccio.

3. Dante se vangloriava de descender de uma das antigas famílias romanas que refundaram a cidade, depois que foi arrasada em 542 por Totila, rei dos godos (vide nota 6). Com orgulho o poeta coloca no *Paraíso* um de seus trisavós, chamado Caciaguida, que, entre outros feitos, teria participado da Segunda Cruzada, com São Luís, rei da França, e o imperador Conrado III, da Alemanha, durante a qual morreu, entre 1148 e 1149.

4. Na época provável em que Boccaccio escreveu este livro, viviam ainda dois dos filhos de Dante: Pietro, em Verona, e Antônia (que se teria feito monja com o nome de Beatriz, embora alguns admitam que Beatriz pudesse ter sido uma segunda filha), em Ravena, tendo morrido Iacopo (é incerto que tenha tido um quarto filho, Giovanni). Boccaccio encontrou-se com Antônia em seu convento em Ravena, quando lhe foi entregar 10 mil florins que os capitães de Orsanmichele, um dos bairros de Florença em torno da igreja do mesmo nome, lhe enviaram

como compensação pelos padecimentos de Dante com o exílio e o confisco de seus bens.

5. Uma das lendas locais atribuía a fundação de Florença a Júlio César, que lhe dera o nome em homenagem a um cônsul chamado Fiorinus, que ali teria sido morto pelos soldados de Catilina, quando este senador e militar fugia com suas tropas de Roma por volta de 63 a.C., depois de sua segunda tentativa fracassada de república.

6. Átila era rei dos hunos e não dos vândalos. Nunca cruzou o rio Pó, não tendo jamais chegado à Toscana. Ao atribuir a destruição de Florença a um bárbaro, Boccaccio talvez resgatasse o assédio da cidade por Totila, rei dos godos, em 542, inspirado quiçá pelo próprio Dante, que, no verso 149 do canto XIII do *Inferno*, diz, falando sobre a refundação da cidade: "*quei cittadin che poi la rifondarno / sovra 'l cener che d'Attila rimase*" – os cidadãos que logo a refundaram / sobre as cinzas que de Átila restaram.

7. Carlos Magno (742-814) foi sagrado imperador do Sacro Império Romano Germânico e coroado em Roma no dia de Natal do ano 800.

8. Cacciaguida teria nascido entre 1091 e 1106 e morrido como cruzado na Terra Santa, nas hostes do imperador Conrado III Hohenstaufen na Segunda Cruzada, em 1148 ou 1149. Dante dedica a seu encontro com ele o canto XV do *Paraíso*.

9. Esse primeiro Alighieri teve dois filhos, Bellincione e Bello; Bellincione teve quatro filhos, Drudolo, Brunetto, Gerardo e Alighiero; este segundo Alighiero foi o pai de Dante e de uma irmã que morreu menina, com sua primeira esposa Bella degli Abati; com sua segunda esposa, Lapa di Cialuppi, foi pai de outro casal, Francesco e Gaetana.

10. Frederico II da Suábia (1194-1250): foi imperador a partir de 1214.

11. O nome Dante é forma sincopada de Durante. Boccaccio o interpreta etimologicamente como significando "aquele que dá", derivando a palavra do verbo *dare*, "dar", de modo a deduzir que Dante foi aquele que deu seu grande poema ao mundo.

12. O Império ficou vacante desde a morte, em 1250, de Frederico II da Suábia, que em 1245 fora deposto pelo papa Inocêncio IV, até a eleição de Rodolfo I de Habsburgo, em 1272. Tendo Dante nascido em maio ou junho de 1265, enganou-se Boccaccio com relação ao papa daquele ano, que terá sido já Clemente IV, uma vez que seu antecessor, Urbano IV (o francês Jacques Pantaléon), morrera em 2 de outubro de 1264 e Clemente (o também francês Guy Foulques), fora eleito em 5 de fevereiro de 1265.

13. As artes liberais, na Idade Média, eram formadas pelo ensino sucessivo do *trivium* e, em seguida, do *quadrivium*; o *trivium* consistia no estudo da gramática, retórica e dialética, e o *quadrivium*, no estudo da aritmética, geometria, música e astronomia.

14. "*Estudos lucrativos*" eram os estudos de direito e medicina. O próprio Boccaccio fora direcionado pelo pai, bem-sucedido comerciante, aos estudos de direito.

15. Os quatro poetas latinos, junto com outros como, Petrônio, Juvenal, Terêncio, estavam entre os autores mais lidos na época.

16. Sobre a natureza da poesia conforme exposta aqui por Boccaccio, veja-se o que diz o próprio Dante nos versos 61 a 63 do canto IX do *Inferno*: "*O voi ch'avete gl'intelletti sani, / mirate la dottrina che s'asconde / sotto il velame de li versi strani*" – "vós que tendes saudável intelecto, / vede a doutrina que se esconde sob / o véu dos versos de um estranho aspecto".

17. Embora não haja documentos comprobatórios, os estudiosos são praticamente unânimes em aceitar a ida a Bolonha, entre 1286 e 1287, entre os 21 e os 22 anos, portanto, onde teria estudado, sobretudo, com Brunetto Latini, a quem, embora coloque no *Inferno* dos sodomitas e violentos, admirava intelectualmente e a quem se refere com indisfarçável carinho no canto XV do *Inferno*, concluindo com um vivo elogio a sua obra maior, *Li Livres dou Tresor* [O Livro do Tesouro], espécie de enciclopédia de saberes ao gosto medieval.

18. Embora igualmente controversa, por falta de maiores comprovações documentais, a ida de Dante a Paris já consta, porém, do primeiro curto documento biográfico sobre o poeta que é o capítulo CXXXVI do livro IX da *Cronica* de Giovanni Villani, espécie de diário daquela personalidade florentina, escrita entre 1308 e 1348 (vide nota 104 abaixo). Diz Villani: "*Banido de Florença, foi estudar em Bolonha e depois em Paris e outras partes do mundo*". Segundo o que diz Boccaccio, que Dante teria ido a Paris "*já perto da velhice*", os estudiosos sugerem o ano de 1310 para essa viagem, quando Dante contava 45 anos.

19. Assim, no epitáfio que se lerá mais adiante, Dante é chamado de teólogo, filósofo e poeta.

20. Folco di Ricovero Portinari, de antiga família florentina, foi comerciante e banqueiro e exerceu vários cargos públicos em Florença, tendo chegado a ser um dos priores, membros do poder executivo do governo. Fundou e manteve a suas custas o Hospital de Santa Maria Nuova, principal instituição do gênero na cidade, que existe até hoje. Morreu em 1289, um ano antes de sua filha Beatriz. Boccaccio é o primeiro autor a referir a paternidade de Beatriz.

21. Primeiro livro publicado por Dante, *Vida nova* narra, em prosa e verso, o início e a continuação de seu amor por Beatriz

após sua morte. É o livro emblemático do Dolce Stil Nuovo, estilo de poetar que floresceu em Florença a partir dos poemas de Guido Guinizzelli e se encerrou com o último de seus poetas, o amigo de Dante Dino Frescobaldi. Desse livro tira Boccaccio grande parte das informações que nos dá sobre o amor de Dante por Beatriz. Boccaccio, aliás, além de fazer os primeiros exaustivos comentários à *Divina comédia*, escreveu também um prefácio à *Vida nova* em um códice da obra que ele copiou inteira de próprio punho e que ainda hoje subsiste.

22. As informações de Boccaccio sobre Beatriz, ele as colheu também, conforme diz na oitava lição de seus *Comentários à Divina comédia*, junto a uma prima de Beatriz, chamada Lippa dei Mardoli. Beatriz, conforme o próprio Dante conta no capítulo XXIX da *Vida nova*, morreu entre os dias 8 e 9 de junho de 1290, quando Dante teria 25 anos. Assim diz Dante: "Eu digo que, conforme se usa na Arábia, sua alma nobilíssima partiu na primeira hora do nono dia do mês; e conforme se usa na Síria, partiu no nono mês do ano, sendo o primeiro mês chamado ali de Primeiro Tisirin, que para nós é outubro; e conforme nosso uso, partiu no ano de nosso começo, isto é, dos anos do Senhor, em que o número perfeito se cumpria nove vezes naquele centenário no qual ela foi posta neste mundo, que foi o ano cristão do décimo terceiro centenário". O "número perfeito" é o número 10 e Dante constrói toda essa numerologia em torno do número 9.

23. Humor: no sentido médico de líquido.

24. Dante casou-se com Gemma di Manetto Donati. O casamento não se deu exatamente nas circunstâncias que Boccaccio refere, pois fora acertado pelos pais dos noivos quando Dante ainda tinha doze anos, em 1277, e celebrado apenas anos depois, entre 1290 e 1295. Gemma morreu em 1340, em Florença, 29 anos depois de Dante.

25. Chipre, na época, era considerado um lugar frio. Os montes Ródopes, na Trácia, eram também famosos por serem extremamente frios. A referência deve vir de Virgílio, que, na III Geórgica, diz, da região onde *"os Ródopes se retraem sobre si mesmos depois de terem ido até o polo"*, que *"lá não se vê nem grama sobre a terra nem folhagem nas árvores mas a terra se estende a perder de vista, disforme pela neve acumulada e por uma grossa camada de gelo que chega a sete braços. Lá é sempre inverno, sempre soprando o frio vento do norte"*.

26. Toda a digressão que se segue, contra as mulheres e o casamento dos homens estudiosos, foi identificada por comentaristas como inspirada em um texto atribuído por São Jerônimo a Teofrasto (*"De nuptiis"*) e por ele incluído em seu livro *Contra Joviniano*. No cartapácio de Boccaccio existente na Biblioteca Laurenciana (XXIX, 8) está transcrito, na página 50, o referido trecho da obra de São Jerônimo. Boccaccio, embora se tenha mantido celibatário, diz em sua égloga 11 que tinha cinco filhos e, na mesma égloga, chora a morte de sua filha Violante com menos de seis anos de idade. Refere-se a essa mesma filha, de maneira comovente, em uma carta a Petrarca em que relata a hospedagem que recebeu em Veneza da filha de Petrarca e o encontro ali com a neta do poeta, que era uma menina de idade próxima à que tinha sua filha Violante quando morreu.

27. Não é certo que Dante nunca mais tenha estado com a esposa depois que partiu para o exílio. Tiveram com certeza três filhos, Pietro, Iacopo e Antônia, que se teria feito monja com o nome de Beatriz. Especula-se que possa ter havido um quarto filho, Giovanni, e uma quinta filha, que se teria chamado Beatriz.

28. Com o banimento dos guibelinos em 1267, a cidadania estava dividida, desde por volta de 1295, em duas facções dos guelfos: os guelfos brancos, a que Dante pertencia, liderados por Vieri dei Cerchi, e os guelfos negros, liderados por Corso

Donati, que era parente próximo da mulher de Dante, Gemma Donati.

29. Os guelfos negros. Vide, mais adiante, no capítulo XXV, um relato mais detalhado do ocorrido.

30. Dante fora mandado pelo governo de Florença a Roma, com outros dois mandatários, em embaixada junto ao papa Bonifácio VIII, para interceder junto ao pontífice contra as maquinações dos guelfos negros. Sua embaixada frustrou-se, pois não sabiam que o papa conspirava junto com os negros para a derrocada do governo dos brancos. Deveria estar em Siena, voltando para Florença, onde os guelfos negros se apossaram da cidade, quando recebeu a notícia de que fora condenado por fraude, por sentença de 27 de janeiro de 1302, a pagar multa de 5 mil florins e a banimento da Toscana por dois anos. Como a sentença exigia a presença do condenado na cidade e como Dante, do mesmo modo que os demais guelfos brancos que como ele foram banidos, não retornou a Florença, o governo dos negros, por sentença de 10 de março de 1302, condenou-o à morte. Dante jamais voltaria a Florença. No canto XXX do *Paraíso* e no canto XIX do *Inferno*, Dante apraza o papa Bonifácio para os infernos, no círculo dos simoníacos.

31. Conforme previa a sentença de janeiro, não sendo paga a multa, os bens do condenado seriam considerados abandonados e expropriados e poderiam ser, portanto, apropriados por qualquer um. A mulher de Dante teria conseguido salvar para a família a parte que corresponderia a seu dote, amparada talvez por parentes da facção dos guelfos negros.

32. Boccaccio enumera ilustres cidadãos romanos que, todos, terminaram sua vida no exílio ou nele padeceram. Marco Fúrio Camilo, vencedor dos celtas e da cidade de Veio, foi exilado; Públio Rutílio Rufo, cônsul, tribuno militar e pretor, indispôs-se

com os publicanos e foi condenado ao desterro na Ásia; Cneo Márcio Coriolano, patrício e general, indispondo-se com o partido da plebe, foi exilado; os dois Cipiões, Públio Cornélio Cipião, o Africano Maior, vencedor do cartaginês Aníbal, desentendeu-se com o Senado e exilou-se, e o segundo, Públio Cornélio Cipião Emiliano, o Africano Menor, conquistador de Cartago, teve morte violenta e mal explicada.

33. Gemma Donati, a mulher de Dante, era, como vimos, parente próxima do chefe da facção dos guelfos negros, Corso Donati.

34. Depois de partir, fugido, para Verona, Dante teria vagado por algumas cidades da Toscana, na esperança, talvez, de um retorno a Florença. A precisão das informações de Boccaccio sobre o périplo toscano de Dante é amplamente questionada pelos estudiosos, como se verá nas notas seguintes.

35. Alberto della Scala morreu em 1301, antes, portanto, do exílio de Dante, que teria sido recebido em Verona por seu filho mais velho, Bartolomeo della Scala, que morreria logo em 1304 e seria sucedido por seu irmão Cangrande, a quem Dante muito viria a admirar.

36. Guido Salvatico di Dovadola, senhor de Casentino, era ferrenho integrante da facção negra e isso faz muitos comentaristas duvidarem que tenha hospedado Dante naquele momento em que tão acirrados estavam os ânimos entre as duas facções.

37. Por outro lado, Morruello Malespina era também líder dos guelfos negros, mas é certa sua acolhida a Dante, que teria realizado para o marquês uma missão em 1306.

38. Uguccione della Faggiuola era famoso prócer guibelino e esse fato torna também suspeita para muitos essa hospedagem dada a Dante nesses primeiros tempos de seu exílio. Mas como (conforme se verá mais à frente) foi atribuída a Dante

a dedicatória do *Inferno* a este Uguccione e como os Faggiuoli eram senhores de Luca, onde Dante esteve em 1317, talvez a esse momento tardio se refira Boccaccio. O que apontam, assim, os comentaristas, é uma certa confusão de Boccaccio quanto ao período em que Dante foi recebido por aqueles potentados.

39. Não há documentos que comprovem a ida de Dante a Paris (vide nota 18, acima), mas também nada impede que tenha ido, sobretudo à vista daquele testemunho contemporâneo, de Giovanni Villani.

40. Henrique VII de Luxemburgo (nascido entre 1274 e 1276 e em junho de 1312 coroado imperador do Sacro Império Romano Germânico em Roma, conturbada na época pela ausência do papa que, francês, fixara residência na França). Chamado a princípio à Itália pelo próprio papa, Clemente V, para procurar apaziguar as diferenças entre guelfos e guibelinos, viu-se metido em intrigas promovidas por Clemente e teve que enfrentar na Itália as forças coligadas dos reis da França, Felipe IV, e de Nápoles, Roberto de Anjou. Henrique VII foi visto por Dante e pelos que se opunham aos guelfos negros como a grande esperança de salvação para a Itália e, por Dante, ademais, como a grande esperança de instauração do governo universal que promoveria a paz entre os Estados da cristandade e que ele defendera em seu livro *Monarquia*. Dante teria sido dos que procuraram convencer o imperador a atacar Florença e a ele se juntado. Subsistem três cartas de Dante sobre o que esperava de Henrique VII. Não tendo conseguido conquistar Florença, empenhava-se na luta contra os dois reis quando morreu subitamente, em agosto de 1313, em Siena, quando marchava para atacar Nápoles, correndo o boato de que teria sido envenenado. Sua morte foi, para Dante, um pesado baque em suas esperanças de um dia voltar a Florença, e talvez a partir daí ele tenha se afastado definitivamente da Toscana. Na *Divina comédia*, Dante colocaria Henrique VII

no *Paraíso* (canto XXX, versos 133 a 138): "*E in quel gran seggio a che tu gli occhi tieni / per la corona que già v'è su posta, / prima che tu a queste nozzi ceni / sederà l'alma, che fia giù agosta, / dell'alto Arrigo, ch'a drizzare Italia / verrà in prima ch'ella sia disposta*" – "No grande assento, onde tens posto o olhar, / pela coroa já lá colocada, / antes que venhas cá te banquetear / augusta a alma já, estará sentada / do grande Henrique, que a arrumar a Itália / virá, antes que esteja preparada". Tradução minha.

41. Clemente V, o francês Bertrand de Got, papa de 5 de junho de 1305 a 20 de abril de 1314. Tendo chamado o imperador Henrique VII à Itália para procurar pacificá-la, voltou-se contra ele e aliou-se aos reis da França e de Nápoles. Foi o papa que levou o papado de Roma para Avignon. Dante o trata com desprezo na *Divina comédia*, considerando-o um traidor, e diz, referindo-se a ele apenas como Gascão (pois era da Gasconha), no canto XVII, verso 82, do *Paraíso*: "*Ma pria che 'l Guasco l'alto Arrigo inganni*" – "Mas antes que o Gascão engane o alto Henrique" e, no final do canto XXX do *Paraíso*, apraza-o para o inferno juntamente com Bonifácio VIII, no círculo dos simoníacos, onde penavam aqueles que venderam e traficaram as coisas divinas; palavra derivada de Simão, o Mago, que nos Atos dos Apóstolos pretende comprar dos apóstolos os poderes do Espírito Santo.

42. Não é claro o percurso de Dante após a morte de Henrique VII, antes de se fixar definitivamente em Ravena, na Romanha, provavelmente em 1318, sob a proteção e amizade de Guido Novello. Teria sido acolhido durante algum tempo, antes, por Uguccione della Faggiuola em Luca e por Cangrande della Scala em Verona. Vivendo em Ravena até sua morte, esteve algumas vezes em outras cidades, e é sabido que em 1320 fez leitura, em Verona, de sua obra latina "*Questio de acqua et terra*" [Questões sobre a água e sobre a terra].

43. Guido Novello de Polenta sucedeu seu tio Lamberto em 1316 como senhor de Ravena e, em 1322, um ano após a morte de Dante, foi feito *Podestà* de Bolonha, título que equivaleria a chefe do poder executivo.

44. Dante teria retornado a Ravena de Veneza, aonde fora desempenhar uma missão diplomática a mando de Guido Novello e onde, muito provavelmente, contraíra malária.

45. Apesar da *Crônica* de Giovanni Villani indicar o mês de julho, é hoje indiscutível que Dante morreu em setembro de 1321, como afirma Boccaccio. Quanto ao dia, o epitáfio transcrito por Boccaccio indica 13, e o próprio Boccaccio indica 14, "dia em que a igreja celebra a exaltação da Santa Cruz"; a tendência hoje entre os críticos é aceitar que Dante teria morrido na noite entre 13 e 14 de setembro.

46. A igreja dos frades menores de Ravena era, na época, a igreja de São Pedro; em 1261 passou ao controle dos franciscanos, que a dedicaram a São Francisco. Os ossos de Dante passaram por algumas vicissitudes através dos séculos. Em 1519, o papa Leão X de Médici, florentino, autorizou Florença a trasladar os ossos do poeta, para grande indignação de Ravena, que se orgulhava de possuí-los. Na época, um frade sorrateiramente retirou os ossos do poeta e quando a delegação florentina chegou para retirá-los, não os encontrou. Em 1692 o sarcófago foi recolocado em seu devido lugar. Mais tarde, em 1810, quando das invasões napoleônicas, aconteceu o mesmo: os ossos foram escondidos e apenas anos depois, em 1865, foram encontrados por acaso e recolocados em seu lugar. O atual monumento data de 1872.

47. Além do epitáfio transcrito mais adiante por Boccaccio, outros dois subsistem, que podem ter sido daqueles referidos por Boccaccio, escritos por Menghino Mezzani, de Ravena e por

Bernardo di Canaccio Scannabecchi, de Bolonha, ambos contemporâneos de Dante.

48. Giovanni del Virgilio era intelectual famoso em seu tempo, foi professor de poesia em Bolonha e versejava em latim. Sua fama hoje se deve ao fato de que iniciou, entre 1319 e 1320, uma correspondência com Dante, instando-o a versejar também em latim, para aumentar sua fama junto aos literatos; Dante respondeu, enviando-lhe duas églogas, à primeira das quais Giovanni del Virgilio respondeu com outra égloga, tendo a segunda de Dante sido por ele recebida apenas após a morte do poeta.

49. Piérides era um dos nomes das musas, quando moravam nas montanhas da Piéria, região do norte da Grécia. Giovanni del Virgilio com este verso registra, modestamente, sua troca de églogas com Dante.

50. Átropos era uma das três Moiras, a que cortava o fio da vida. As outras duas eram Cloto, que tecia o fio, e Láquesis, que o enrolava.

51. São Nicolau era na verdade bispo de Mira, cidade na Lícia, hoje sul da Turquia, e não de Esmirna, mais ao norte. Na época de Boccaccio, seus ossos estavam em Bari, para onde tinham sido levados por volta de 1100 por peregrinos daquela cidade.

52. Boccaccio cita cinco das sete localidades que reivindicavam ser a pátria de Homero: Esmirna, Pilos, Cumas, Quios e Colofon, embora as listas das sete cidades variem muito.

53. Boccaccio enumera uma série de próceres romanos que se ilustraram por defender a pátria e dos quais Florença não se pode vangloriar, censurando-a por não honrar o grande poeta que ela destinara ao exílio. Para Camilo e os Cipiões, vide nota 32 supra. Um dos Publícolas foi Públio Valério Publícola, famoso general e cônsul da república. Dos Torquatos, o mais famoso

terá sido Tito Mânlio Torquato, general vencedor dos galos e dos latinos. Dos Fabrícios, Caio Fabrício Luscínio teve fama de incorruptível e foi comandante dos romanos na guerra contra Pirro, rei do Ponto. Os Catões tiveram fama de íntegros e dentre eles se salientam Marco Pórcio Catão, o Censor e Marco Pórcio Catão, o Uticense. Os Fábios foram famosa família com personagens ilustres na república, entre os quais se encontrava Quinto Fábio Máximo, que foi de embaixador a Cartago declarar a II Guerra Púnica.

54. Príamo era o rei de Troia quando os gregos a atacaram. Homero relata, no canto XXIV da *Ilíada*, como Príamo foi ao acampamento dos gregos resgatar o cadáver de seu filho Heitor, o principal defensor da cidade, levando rico resgate a Aquiles, o guerreiro grego que o matara.

55. O primeiro Cipião foi Cipião o Africano, vencedor de Cartago, a grande metrópole do norte da África, na atual Tunísia, que disputava com Roma a preponderância no Mediterrâneo, e que derrotou Aníbal, o grande general cartaginês que atravessara os Alpes e ameaçara conquistar Roma. Retirou-se de Roma injuriado porque lhe pediram contas de sua gestão e determinou que não fosse enterrado em Roma. Foi, na verdade, enterrado em Literno, na Campânia, próximo a Pompeia, e não em Minturno, mais ao norte, como diz Boccaccio.

56. O poeta Ovídio, banido de Roma por Augusto para a região do Ponto, o Mar Negro, hoje Romênia, lá viveu por cerca de 25 anos, morreu e foi enterrado, na cidade de Tomis, hoje Costanza.

57. O poeta Caio Cássio Parmense foi autor de elegias e tragédias. Nada de sua obra sobreviveu e Boccaccio talvez o lembre aqui pela fatalidade de sua morte, fora da pátria, e por Horácio ter se referido elogiosamente a ele, no começo da quarta epístola do primeiro livro das Epístolas, onde insta o amigo poeta Álbio a

"escrever versos que obscureçam os de Cássio Parmense". Curioso notar que uma das possíveis razões para a não sobrevivência dos versos de Cássio tenha sido não as inclemências do tempo, mas o fato de que, mandado matar por Augusto, "o Senado decretou após sua morte que seus livros, junto com seu corpo, fossem queimados por serem de menor importância", como refere o autor anônimo de *Verona Ilustrata, segunda parte*.

58. Boccaccio se refere aqui à história dos dois filhos de Édipo, Eteocles e Polinices, que, após a morte do pai, disputaram o trono de Tebas. Para evitar uma guerra civil, resolveram que Eteocles governaria um ano e Polinices no ano seguinte, e assim se alternariam subsequentemente no trono. Findo o primeiro ano, Eteocles se recusou a ceder o trono ao irmão, que se exilou, reuniu um exército e atacou a cidade para fazer valer seus direitos. Foi a Guerra dos Sete Contra Tebas, tema da famosa tragédia de Ésquilo de mesmo nome. Ao final, os dois se enfrentaram no campo de batalha e se mataram um ao outro. Diz a história que já no ventre da mãe brigavam – eram gêmeos – e que na pira funerária, queimados juntos, as chamas de um e outro se separavam. Florença só pediria os ossos de Dante a Ravena, pela primeira vez, por volta de 1378, tendo Boccaccio morrido em 1375.

59. Consta que o esqueleto no túmulo de Dante indicaria uma pessoa de um metro e sessenta e cinco centímetros de altura.

60. Boccaccio quer dizer que a barba de Dante era espessa, mas não que usasse barba. De resto, os traços registrados por Boccaccio correspondem aos mais antigos retratos conhecidos de Dante. Talvez já mais velho, Dante tenha deixado crescer a barba, como deixa pensar a anedota que Boccaccio conta logo a seguir.

61. Alguns dos mais antigos retratos do Dante – nenhum feito com ele ainda vivo – parecem ser os do *Codex Riccardianus*

1040, da Biblioteca Riccardiana de Florença, e o do *Codex Palatino 320*, da Biblioteca Nacional de Florença, ambos de meados do século XV; o pintado por Domenico di Francesco em cerca de 1465, que está na catedral de Florença; o afresco atribuído a Taddeo Gaddi, discípulo de Giotto, no Palácio do Bargello em Florença; o pintado por Luca Signorelli, na catedral de Orvieto; e os desenhos do Botticelli para ilustrar a *Divina comédia*.

62. Trata-se do batistério da catedral de Florença, dedicado a São João Batista. Tanto no canto do *Paraíso* quanto na segunda égloga a Giovanni del Virgilio, Dante manifesta o desejo de ser coroado.

63. A palavra "sacerdote", proveniente do latim *sacerdos*, significando algo como "encarregado das coisas sagradas".

64. Assinalam os comentaristas que tudo o que Boccaccio dirá a respeito da origem da poesia deriva de uma carta de Petrarca (*Familiares*, X, 4, 3-5), que, por sua vez, seguia o que diz Santo Isidoro de Sevilha em suas *Etimologias* (VIII, 7, 1-3). Para que se tenha uma ideia do respeito que tinha Boccaccio pela sabedoria e autoridade de Petrarca, veja-se, em tradução livre, o que diz a referida carta, que Petrarca endereçou a seu irmão Gerardo e que Boccaccio conhecia: "De fato, já se perguntou de onde derivava a palavra *poeta* e, embora as opiniões sejam variadas, essa talvez seja a mais provável: que um belo dia os homens, rudes mas cheios de vontade de conhecer a verdade e, sobretudo, de conhecer a divindade, o que é um sentimento natural do homem, começaram a se convencer de que existia um poder superior qualquer que governava as coisas mortais e acharam conveniente que esse poder fosse venerado com atitudes mais que humanas e com um culto mais digno. Por isso, então, imaginaram para ele casas magníficas, a que chamaram templos, e ministros consagrados, que chamaram *sacerdotes*, e estátuas estupendas, vasos de ouro, mesas de mármore e roupas de

púrpura. E para que o culto não se desse sem palavras, pareceu-lhes oportuno aplacar a divindade com palavras altissonantes e imbuídas de uma linguagem bem diferente da linguagem comum e corrente, utilizando inclusive um certo ritmo que fosse agradável e evitasse o aborrecimento. Isso não se podia fazer de maneira vulgar, mas de um modo novo, artístico e belo; e como esse modo em grego se chama *poesia*, chamaram *poetas* os que o usavam. 'E quem é que diz isso?', você me perguntará. [...] Antes de todos, Marco Varrão, o mais sábio dos romanos, em seguida Suetônio, pesquisador atento sobre tudo e, finalmente, o terceiro, que eu só cito porque você o conhece bem, é aquele Isidoro, que se refere a isso no livro VIII de sua *Etimologia*, embora brevemente e invocando o testemunho de Suetônio".

65. Outra interpretação etimológica também conhecida de Boccaccio é a que deriva a palavra *poesia* do verbo grego *poieo* que significava "fazer", "criar", "dar forma", "plasmar" e que em latim se traduzia pelo verbo *fingo, fingis, fingere*. Alguns estudiosos querem que Boccaccio tenha evitado essa última etimologia, com a preocupação de que autores mal-intencionados desvirtuassem o significado original de "criação", em favor de outro sentido secundário que a palavra às vezes também tinha – e que com o passar dos tempos passou a preponderar –, de "fingir". Daí talvez venha a intuição equivocada de Fernando Pessoa de que o poeta é um fingidor.

66. Na época de Boccaccio, vigia ainda o sistema do matemático, astrônomo e geógrafo grego do século I, Cláudio Ptolomeu, segundo o qual os planetas que giravam em torno da terra eram sete: o Sol, a Lua, Mercúrio, Vênus, Marte, Júpiter e Saturno; os demais planetas ainda não eram conhecidos.

67. Boccaccio segue uma interpretação chamada evemerista, derivada do escritor grego Evêmero, do século IV a. C., que sustentava, precisamente, que os deuses eram homens antiquíssi-

mos que se haviam assinalado em alguma coisa e, com isso, sido elevados pelos demais à categoria de divinos.

68. Boccaccio cita, quase traduzindo, uma passagem das *Moralia in Job* [Comentários ao Livro de Jó], do papa São Gregório Magno, que diz, no item 5 da "Carta introdutória a São Leandro", em tradução livre: "Acontece também às vezes que se não tomamos as palavras da história de acordo com seu sentido literal, escondemos de nós mesmos a luz da verdade que ali existe. Porque desse modo, procurando encontrar outro sentido que acreditamos estar escondido, perdemos o que se apresenta claramente sem nenhuma dificuldade. [...] E de fato, como a palavra de Deus encerra mistérios capazes de instigar os espíritos mais esclarecidos, do mesmo modo ela contém verdades claras e adequadas para alimentar os simples e os menos sábios. Ela tem abertamente com o que alimentar as crianças; e ela guarda, nos seus mais secretos invólucros, o que é capaz de arrebatar a admiração dos mais sublimes espíritos: do mesmo modo que um rio cujas águas serão tão rasas em alguns lugares que um carneiro poderia atravessá-las e, em outros, tão profundas que um elefante ali poderia nadar".

69. Trata-se do episódio narrado em Êxodo 3:2, quando Moisés encontra Deus, que lhe fala desde uma sarça ardente.

70. Trata-se do sonho de Nabucodonosor conforme narrado em Daniel 2:31-45.

71. Saturno, que era o nome romano do deus grego Cronos, foi o segundo grande deus da mitologia grega, filho de Urano, o Céu Estrelado, e de Gaia, a Terra. Uma profecia anunciou que ele seria, por sua vez, destronado por um de seus filhos e, para evitá-lo, decidiu comê-los à medida que nasciam. Sua mulher, a deusa Reia, depois de vários partos, resolveu tentar salvar um dos filhos e, ao dar à luz Zeus, envolveu uma pedra nos panos

do parto e Saturno engoliu tudo pensando tratar-se do recém-nascido. Zeus, o Jove dos romanos, cresceu, arranjou um jeito de fazer o pai beber um vomitório e expelir os filhos que havia engolido e, com a ajuda de seus irmãos, derrotou o pai e ocupou o trono do Olimpo. Cronos ou Saturno engolindo os filhos passou a ser uma alegoria do tempo, sendo em grego a palavra tempo, *khónos*, a mesma do nome do deus. A versão mais antiga da história, que está na *Teogonia* de Hesíodo (versos 453 a 506), conta que apenas Zeus não foi engolido por Cronos e é esta também a versão de Apolodoro, em sua *Biblioteca*, do século II a.C. Não se sabe de onde Boccaccio terá tirado a versão de que Saturno não teria devorado quatro dos filhos. Quanto à pedra, ainda no século II, Pausânias podia vê-la em Delfos, cultuada diariamente com aspersões de azeite de oliva. Boccaccio associa Jove e seus irmãos aos quatro elementos de que consistiam a base do pensamento físico da antiguidade.

72. Hércules, ao morrer, jogou-se ele próprio sobre sua pira mortuária e ali se deu sua apoteose. Conta a história que o centauro Nesso, ao morrer vítima de Hércules, enviou à mulher dele, Djanira, uma túnica, dizendo-lhe que, se alguma vez Hércules se afastasse dela, aquela túnica lhe asseguraria a fidelidade do marido. Tempos depois, sentindo-se traída, Djanira enviou a túnica a Hércules que, ao vesti-la, foi acometido de insuportáveis dores e não conseguiu se desvencilhar dela. Vendo que ia morrer, jogou-se sobre uma fogueira no alto do Monte Eta, na Tessália, de onde foi transportado pelos deuses para o Olimpo e divinizado.

73. Licaone era um rei cruel e algo mítico da Arcádia, na Grécia. As versões sobre sua crueldade são várias e por vezes díspares mas, em suma, dizem respeito a que teria feito sacrifícios humanos a Zeus e o Deus, que já estava desiludido com as violências do gênero humano, transformou-o em lobo. Outras versões

acrescentam que por conta daquela desilusão de Zeus, o ato de Licaone foi a gota d'água que persuadiu o Deus a enviar o dilúvio sobre a terra.

74. Os Campos Elísios eram o local paradisíaco para onde iam poucos bem-aventurados virtuosos e amados dos deuses, e Dite era a cidade infernal.

75. A referência a Aristóteles terá sido tirada da mesma carta de Petrarca citada na nota 64, onde é dito, literalmente, que "segundo Aristóteles os primeiros teólogos foram poetas".

76. Na época de Boccaccio, acreditava-se que a Terra fosse circular e rodeada pelo oceano.

77. A ninfa Dafne, filha do rio Peneu, na Tessália, era amada por Apolo, que a perseguia sem sucesso. Quando o deus finalmente a alcançou, durante uma perseguição pelos campos, ela apelou a seu pai para que salvasse sua virgindade. Foi imediatamente transformada em um loureiro. Desolado, Apolo resolveu honrar sua memória consagrando suas folhas e fazendo delas honra suprema para poetas e outros homens virtuosos. Ovídio, que Boccaccio bem conhecia, conta a história no livro I, versos 452 a 567 das *Metamorfoses*. Toda a digressão que se segue, sobre as razões de serem as folhas do loureiro usadas para coroar os poetas, é inspirada, diretamente, nas razões referidas por Petrarca no item 11 do "Discurso" que proferiu no Capitólio, em Roma, ao receber a coroa de louros.

78. Em uma das cartas que subsistem de Dante (conservada porque copiada por Boccaccio em um de seus cartapácios), cujo destinatário é um amigo desconhecido, o poeta declara não aceitar as condições impostas por Florença para seu retorno. Diz Dante em sua carta X: "Soube, com muita consideração e ânimo agradecido, por sua carta, recebida por mim com a

devida reverência e afeto, quanto deseja de coração meu retorno à pátria. Sou por isso tanto mais agradecido porquanto apenas raramente sucede aos exilados encontrarem alguns amigos. Respondo aqui a ela. E se minha resposta não corresponder à pusilanimidade que alguns desejariam, peço a você, afetuosamente, que, antes que condenada, seja recebida por você com uma consideração ponderada.

"Eis o que me foi transmitido sobre a determinação feita há pouco em Florença sobre a absolvição dos banidos, tanto por cartas de seu e meu sobrinho quanto de alguns outros amigos: que se eu quiser pagar uma certa quantidade de dinheiro e passar a vergonha da oblação, poderei ser absolvido e retornar. E nisso, para dizer a verdade, caro amigo, existem duas coisas risíveis e mal avaliadas: digo mal avaliadas por aqueles que expressaram aquela hipótese, já que as cartas que você me enviou, concebidas com mais discrição e juízo, não continham nada disso.

"É este, então, o modo glorioso como Dante Alighieri é chamado de volta à pátria, depois de todas as tribulações de um exílio de quase quinze anos? É este o mérito de sua inocência, conhecida por todos? É isto que lhe proporcionam o muito suor e os longos e cansativos estudos? Longe de um homem familiar com a filosofia essa baixeza, digna de um coração de lama: padecer, quase como prisioneiro, ser oferecido como resgate, à semelhança de um certo Ciolo e de outros homens de má fama! Longe de um homem que clama por justiça, ofendido por injúrias, ter que pagar tributo a seus ofensores como se fossem seus beneméritos!

"Não é esse o caminho para retornar à pátria, meu amigo. Mas se você ou um outro conseguirem encontrar outro caminho, que não fira a fama e a honra de Dante, estou pronto a percorrê-lo. Porque, se não se entra em Florença por um caminho honrado, não entrarei jamais em Florença. E por que não? Não posso admirar o sol e as estrelas de qualquer lugar da Terra? Não posso especular em qualquer lugar debaixo do céu sobre as dulcíssimas verdades, sem precisar me entregar sem glória e com ignomínia ao povo e à cidade de Florença? Até porque nem o pão me faltará."

79. Dante foi um dos priores de Florença entre 15 de julho e 15 de agosto de 1300. Os priores, inicialmente em número de três e depois de seis e doze, exerciam o poder executivo e de representação e eram eleitos por um pequeno colegiado das principais corporações da cidade. Seu mandato era de apenas dois meses, apenas podendo ser reeleitos novamente após dois anos.

80. Vide nota 30. O papa Bonifácio VIII chamou Carlos de Valois, irmão do rei da França Felipe IV, o Belo, para, pretensamente, pacificar Florença. Estava, porém, em conluio com os guelfos negros, do que desconfiaram os brancos, os quais, no poder e para tentar obtemperar com o sumo pontífice, enviaram a embaixada que Dante integrou, mas que foi frustrada.

81. As designações italianas *guelfo* e *ghibelino* se originaram em uma disputa na Alemanha, entre a casa ducal da Baviera chamada Welf e a casa dos Hohenstaufen, que possuíam um castelo em Wibeling (hoje Waibling, também na Baviera). Embora diga não saber de onde vêm os dois nomes, é o próprio Boccaccio quem conta, no comentário 40 à *Divina comédia*, escrito, é verdade, mais para o final de sua vida, a história do desentendimento entre os titulares das duas casas pela mão da rica condessa Matilde de Canossa, que levou ao envenenamento do jovem duque da Baviera por seu oponente e, como consequência, a acerbos combates entre as duas partes. Como os da Baviera eram apoiados pelo papa em pretensões na Alemanha contra os Hohenstaufen, logo as facções foram identificadas: os guelfos como filopapais e os guibelinos como filoimperiais.

82. Os antepassados de Dante tinham sido banidos da cidade, por serem guelfos, pelos guibelinos, em 1248 e 1260 (em 1267

foram banidos os guibelinos), e Dante, como vimos, foi prior de Florença em 1300.

83. Como vimos (nota 30), os guelfos negros tomaram a cidade enquanto Dante, então guelfo branco, participava de uma embaixada enviada pelos guelfos brancos junto ao papa, e nessa ocasião foi banido, em 1302, e, logo em seguida, condenado à morte por contumácia.

84. Jove, o Zeus dos gregos, transformou-se em touro para raptar a princesa Europa, filha de Agenor, rei de Tiro, nas costas do atual Líbano, e levá-la para Creta, onde ela teve dele três filhos, dos quais dois se tornaram depois juízes do inferno, Minos e Radamanto. Hércules, por seu amor por Iole, despertou em sua mulher Djanira os ciúmes que causariam sua morte (vide nota 72). Páris foi o príncipe troiano que raptou a mulher do rei de Esparta, Menelau, causando a Guerra de Troia.

85. David, apaixonando-se por Betsabé, mulher de um de seus comandados, Urias, cometeu com ela adultério. Para se livrar de Urias, enviou-o deliberadamente para uma frente de batalha, onde morreu, podendo David, deste modo, casar-se em seguida com ela, de quem teria um filho, Salomão. A história está na Bíblia, em II Samuel 11:1-27.

86. Salomão ergueu templos para outros deuses e deusas e os celebrou, por influência de algumas de suas setecentas mulheres e trezentas concubinas, como conta o livro de I Reis 11:1-8 e 33. A Bíblia não fala de Baal, deus dos sidônios, que foi adorado pelo rei Acab por insistência de sua mulher Jezebel, filha do rei de Sídon, mas cita, entre os deuses adorados por Salomão, Astarté, dos sidônios, Camos de Moab e Milcom.

87. O rei Herodes Antipas, tetrarca da Galileia, casara-se com Herodíades, a mulher de seu irmão, e João Batista o condenava

publicamente por isso. Um dia a filha de Herodíades, Salomé, dançou tão magistralmente diante de Herodes que ele lhe ofereceu o que quisesse pedir. Instada por sua mãe, que detestava João Batista, Salomé pediu a cabeça do profeta em uma bandeja, o que Herodes lhe deu. A história está no Novo Testamento, Mateus 14:1-12, Marcos 6:14-29 e Lucas 9:7-9.

88. *Vida nova* deve ter sido escrita pouco mais tarde do que indica Boccaccio, e os estudiosos, por deduções sobre passagens do livro, estimam que terá sido escrita quando Dante andava pelos seus 28 anos, entre 1292 e 1294.

89. Não parece ter muito fundamento a opinião de Boccaccio sobre Dante ter-se envergonhado do livro, sobretudo se vemos o que o próprio Dante escreveu, anos mais tarde, em seu *Convívio* (I, I, 16): "E se na presente obra, que se chama *Convívio*, com mais intensidade eu trato do assunto do que na *Vida nova*, não pretendo com isso tirar desta última seu valor, mas, sobretudo, valorizá-la por meio desta, mostrando, racionalmente, como convinha àquela ser ardente e apaixonada e a esta ser moderada e intensa. Porque a cada idade convém dizer e fazer cada coisa; certos hábitos que são louváveis e idôneos em uma idade não o são em outra, conforme demonstrarei no quarto tratado deste livro. E eu falei naquela quando entrava em minha juventude, e nesta falo já bem saído dela".

90. Entende por literatura vulgar aquela escrita em italiano e não em latim, ou seja, acessível a todos, ao vulgo.

91. Na carta que Dante escreveu a Cangrande della Scala (vide nota 94), o poeta explica o nome de seu poema (Carta XI, 10): "O título do livro é este: 'Começa a Comédia de Dante Alighieri, florentino por nascimento mas não por costumes'. Quanto a isso, convém saber que comédia vem de *come*, cidade, e de *ode*, canto, porquanto comédia é como se fosse 'canto citadino'. A

comédia, de fato, é uma espécie de narração poética diferente de todas as outras: difere da tragédia quanto ao assunto, porque na tragédia o início é admirável e sereno e o final é uma catástrofe fétida e horrível. Exatamente por isso é chamada de tragédia, ou seja, de *tragos*, bode, e de *ode*, canto, como quem diz 'canto caprino', ou seja, fétido como o bode, como se pode ver nas tragédias de Sêneca. A comédia, por sua parte, se inicia com as dificuldades de alguma coisa, mas seu assunto tem um final próspero, como acontece nas comédias de Terêncio. Por isso alguns escritores de Epístolas costumavam, nos cumprimentos, colocar, no começo de suas saudações, 'trágico começo e cômico fim'. Da mesma forma, o modo de falar da tragédia e da comédia são diferentes, pois uma é elevada e sublime enquanto a outra é modesta e humilde, como diz Horácio em sua *Poética*, quando admite que os cômicos falem algumas vezes como os trágicos e vice-versa:

> Às vezes a comédia eleva a voz
> e, irado, Cremes fala com palavras elevadas;
> e a tragédia às vezes se lamenta com palavras pedestres.

"Assim fica patente porque a presente obra se chama *Comédia*; porque, se vemos seu assunto, ele é ao princípio horrível e fétido, pois é o Inferno, e no fim prospera, desejável e agradável, porque é o Paraíso. E se virmos o modo de se expressar, ele é modesto e humilde, porque é a língua vulgar, com a qual ainda se comunicam as meninas."

92. Dino Frescobaldi di Lambertuccio: um dos poetas do Dolce Stil Nuovo, um pouco mais jovem do que Dante; nasceu em 1271, mas morreria antes dele, pouco depois de 1316. Restam de sua autoria pouco mais de vinte poemas.

93. É o primeiro verso do canto VIII do *Inferno*.

94. Cangrande della Scala era senhor de Verona, preposto imperial e líder dos guibelinos. Dante o admirava e, segundo alguns, dedicaria a ele a *Divina comédia*. Acolheu Dante durante o exílio por largos anos em Verona. Morreu em 1329 e Dante lhe dedica uma belíssima homenagem no canto XVII, versos 76 a 92, do *Paraíso*, onde o coloca.

95. Vide notas 4 e 25. Dos filhos de Dante, além de Antônia, que se fez monja com o nome de Beatriz, de um duvidoso Giovanni e de uma ainda mais duvidosa Beatriz, sobressaíram Iacopo e Pietro. Ambos versejadores, seu mais importante legado, porém, foram os comentários que publicaram sobre a *Divina comédia*. Iacopo escreveu um comentário aos cantos do *Inferno* e foi o primeiro editor da *Comédia*, e Pietro deixou um comentário de todo o poema.

96. Esta é a primeira referência ao poema de Dante como "divino", adjetivo que a partir daí ficou definitivamente incorporado a ele, sobretudo depois que em 1555 o escritor veneziano Ludovico Dolce publicou o poema com o título de *Divina comédia*, na edição que fez e que enriqueceu com vastos comentários.

97. Pietro Giardino era conhecido notário em Ravena, vivo ainda na época em que Boccaccio escrevia este seu *Pequeno tratado*. O fato de Boccaccio invocar aqui seu testemunho sobre a história da recuperação dos últimos cantos do *Paraíso* é considerado, pela maioria dos estudiosos, um sério aval à veracidade do referido episódio.

98. A hora matutina era a última hora da noite antes do amanhecer.

99. Boccaccio se ampara aqui no texto da chamada Carta de frei Ilário, documento sobre o qual pairam graves dúvidas entre os estudiosos de Dante, decidindo-se uns por sua autenticidade,

outros acreditando tratar-se de uma falsificação de Boccaccio e outros, ainda, acreditando tratar-se de uma falsificação a que Boccaccio, inocentemente, atribuía autenticidade. Nada se sabe sobre esse frei Ilário nem sobre seu convento, ademais do que diz a própria carta, ou seja, que era monge dominicano em um convento nos limites da Toscana com a Ligúria, que realmente existiu mas que foi abandonado por volta de 1355. Frei Ilário estaria enviando a Uguccione della Faggiuola uma cópia autógrafa do *Inferno* e, ao mesmo tempo, relata conversa que teria tido com Dante ao receber dele aquele cimélio. Ocorre que a única cópia existente desta carta, ou melhor, de parte dela, foi feita pela mão do próprio Boccaccio e se encontra entre seus cartapácios, no códice XXXIX, 8 da Biblioteca Laurenciana, página 65a. É esse o único testemunho do primeiro intento de Dante em escrever a *Comédia* em latim e, também, de ter o poema sido dedicado por ele aos três senhores indicados a seguir por Boccaccio. Por curiosidade, é o seguinte o texto da Carta de frei Ilário:

"Ao egrégio e magnífico Senhor Uguccione della Faggiuola, o mais eminente dentre os grandes da Itália, saúda o frei Ilário, humilde monge de Corvo na foz do rio Magra, em nome d'Aquele que é a verdadeira salvação.

"Como diz no Evangelho nosso Salvador, 'o homem bom tira coisas boas do bom tesouro de seu coração'. Nisso se veem dois ensinamentos, ou seja, que conhecemos a interioridade dos outros por seus gestos exteriores e que nós manifestamos nossa interioridade pelas palavras que nos são concedidas. Como está escrito, 'pelos seus frutos serão conhecidos'. E isso, se é dito com relação aos pecadores, pode ser mais bem compreendido se aplicado aos justos, pois estes pretendem sempre dever revelar tudo, enquanto os outros pretendem sempre esconder tudo. E não é somente o desejo de glória que nos convence a fazer frutificar externamente os bens que temos dentro de nós: é mandato de Deus que não fiquem ociosos, pois nos foram dados por sua graça. De fato, Deus e a natureza desprezam o que fica ocioso. Por isso a árvore que em sua estação não dá fruto é condenada ao fogo.

"Assim é que este homem, cuja obra, acrescida de um comentário feito por mim e que pretendo lhe enviar, dentre todos os italianos, parece ter disponibilizado desde sua infância os seus bens, com a divulgação de sua riqueza interior, pois, como pude saber por intermédio de outras pessoas, antes da puberdade tentou expressar coisas até então inauditas. E, o que é ainda mais admirável, esforçou-se por explicar em língua vulgar argumentos que os mais excelentes sábios se esforçam por enfrentar em latim. E, insisto, não em prosa, mas em verso. E para deixar que sua louvação emerja de suas obras, onde certamente brilham mais luminosas aos olhos dos sábios, passo imediatamente a expor meu propósito.

"Aconteceu que este homem, dirigindo-se a lugares para além desses montes e de passagem pela diocese de Luni, chegou a este mosteiro, guiado pela devoção ou por qualquer outra causa. Vendo uma pessoa desconhecida de mim e dos demais monges, perguntei-lhe o que desejava. Como ele não dissesse nada e continuasse a observar o mosteiro, perguntei-lhe de novo o que desejava. Ele, depois de olhar para mim e para os outros monges, disse: 'paz'. Fiquei então com forte vontade de saber dele e que tipo de homem era e o chamei para um lado. Depois da conversa, vi logo quem era. Há muito tempo me havia chegado sua fama, embora eu nunca o tivesse visto antes.

"Ao ver ele que eu estava totalmente absorto por suas palavras e entendendo minha simpatia pelo que dizia, com um gesto simples tirou do peito um livrinho e me ofereceu graciosamente. 'Tome', disse, 'uma parte de minha obra que talvez nunca tenha lido. Deixo com você para que guarde mais firmemente uma lembrança de mim.' Entregou-me o livrinho e eu o coloquei agradecido no colo, abri e na sua frente baixei sobre ele o olhar com grande interesse. Quando vi que estava escrito em vulgar, demonstrei certa surpresa e ele me perguntou o motivo de minha hesitação. Respondi que me espantava o tipo de linguagem, ou porque me parecia difícil, se não impossível, poder expressar em vulgar uma pretensão tão árdua, ou porque me parecia inconveniente associar a um tema tão importante as pessoas comuns.

"Ao que ele me respondeu: 'Você tem alguma razão no que pensou; assim é que no princípio, quando germinou em mim essa semente, vinda talvez do céu, para tratar desse tema, escolhi a língua apropriada para isso. Não somente escolhi, mas comecei a escrever a poesia nela, como é de costume:

Ultima regna canam, fluvido contermina mundo
spiritibus quae lata patent, quae premia solvunt
pro meritis cuicumque suis, etc.

Cantarei os reinos últimos, que confinam com o mundo
[sulcado pelo rio,
que se abrem amplos às almas, que recompensam
a cada um de acordo com seus méritos

"'Mas depois, pensando nas condições do tempo presente, vi que os cantos dos poetas ilustres eram desprezados quase como abjetos. E isso porque os homens generosos, aos quais esses escritos foram dedicados, durante aquela época melhor do que a nossa, abandonaram, infelizmente, as artes liberais aos plebeus. Por isso, deixei a pequena lira em que havia confiado e preparei outra, mais conveniente aos sentimentos dos modernos. Porque é inútil, de fato, dar alimentos para mastigar às bocas que ainda são lactantes'.

"Perguntou-me então, muito afetuosamente, se me seria possível acrescentar alguns comentários meus a comentários dele próprio e enviá-los, junto com aquela sua obra, a vossa senhoria.

"Isso eu fiz e, se não expliquei com clareza o que suas palavras guardavam, pelo menos trabalhei com correção e ânimo aberto. E assim como me foi pedido por aquele grande amigo vosso, aqui envio sua obra comentada. Se alguma coisa ali parecer ambígua, deve ser atribuída a minha insuficiência, pois o texto em si, sem dúvida, deve ser considerado perfeito em tudo.

"Se em algum momento vossa magnificência tiver a curiosidade de conhecer as outras duas partes dessa obra, querendo juntar as partes separadas em uma só, peça ao egrégio senhor marquês Morruello a segunda parte, que se segue a esta, e poderá encontrar a última com o ilustríssimo Frederico, rei da Sicília. De fato, como o próprio autor me assegurou, depois de ter considerado toda a Itália, tinha escolhido a vós três para dedicar as três partes desta obra."

100. Luís IV da Baviera, eleito imperador pelos eleitores germânicos contra Frederico de Habsburgo, o candidato apoiado pelo papa João XXII, foi a Roma fazer-se coroar contra a vontade deste. João XXII não estava em Roma, fixara-se em Avignon e de lá excomungou Luís IV. O imperador pouco se importou com o papa e, chegando em Roma, convocou dois bispos contrários a João XXII que o coroaram. Logo em seguida, reuniu uma quantidade de prelados, que encarregou de eleger um novo papa. Foi eleito, assim, como antipapa, um frade menor, Pietro Rainallucci, também conhecido como Pietro della Corvara, que tomou o nome de Nicolau V. Tendo que abandonar Roma, Luís retorna à Baviera, deixando Nicolau V em Pisa. Logo Nicolau se viu privado de qualquer poder e decidiu ir a Avignon, onde renunciou a seu breve papado e obteve o perdão do papa João XXII. Com o enfraquecimento do partido de Luís IV na Itália, aqueles que o tinham apoiado foram logo perseguidos. O livro de Dante, *Monarquia*, tinha sido usado pelos partidários de Luís para justificar a primazia do poder imperial sobre o poder do papado. Caídos em desgraça os apoiadores de Luís, o cardeal

Beltrando del Poggetto (que era francês, como o papa, e se chamava Bertrand de Pouget), núncio de João XXII em Bologna, condenou o livro à fogueira e pretendeu incinerar os ossos do autor.

101. Pino della Tosa era na época embaixador em Bologna, e Ostagio da Polenta era primo do protetor de Dante, Guido da Polenta, a quem sucedeu na senhoria de Ravena. Boccaccio foi algumas vezes hóspede de Ostagio, em Ravena.

102. Como dito na nota 48, Giovanni del Virgilio teria instado Dante a compor também em latim em versos graves, e Dante lhe respondeu enviando-lhe uma égloga em latim, ao que del Virgilio respondeu com outra e Dante, então, lhe mandou uma segunda que, porém, só foi recebida por del Virgilio após a morte de Dante.

103. Estima-se que *Convívio* teria sido escrito entre 1304 e 1307. Como diz Boccaccio, consiste em quatro tratados sobre quatro poesias do próprio autor, onde são discutidos a forma e o assunto de cada poesia. A obra ficou incompleta pois, conforme Dante previa na introdução, deveria contemplar quatorze poesias. Foi o único texto em prosa italiana de Dante, tendo sido todos os demais, inclusive as cartas, escritas em latim.

104. A crítica hoje admite que o pequeno tratado *De Vulgari Eloquentia* [Sobre a língua vulgar] não foi escrito no fim da vida de Dante, mas, antes, entre 1303 e 1305, praticamente contemporâneo ao *Convívio*. Ficou, também, inacabado, restando hoje apenas o primeiro livro e os primeiros quatorze capítulos do segundo, dentre os quatro inicialmente planejados. Dante trata do início da linguagem, da excelência do vulgar italiano e de como se deve versejar nessa língua.

105. Das cartas que sobrevivem de Dante, todas escritas em latim e entre 1304 e 1319, treze são consideradas autênticas.

106. Os poemas italianos que restam de Dante são mais de uma centena e cerca de trinta os de atribuição duvidosa.

107. Boccaccio expressa aqui, sem falsa modéstia, seu orgulho em ter sido o primeiro a fazer uma biografia de alguém que considerava entre os mais importantes homens da Itália em todos os tempos, colocado, assim, por ele, ao lado de grandes reis e santos. Valorizava, assim, orgulhosamente, o ofício das letras. Antes de Boccaccio, efetivamente, apenas se tem notícia do breve registro feito por Giovanni Villani, em sua *Cronica*, IX, 136, capítulo relativo ao ano de 1321, em que morreu Dante, onde diz:

"Quem foi o poeta Dante Alighieri, de Florença.

"No dito ano de MCCCXXI, no mês de julho, morreu Dante Alighieri, de Florença, na cidade de Ravena, na Romanha, depois de voltar de uma embaixada em Veneza, a serviço dos senhores de Polenta, com quem morava. Foi enterrado em Ravena diante da porta da igreja catedral, com grandes honras e com roupa de poeta e de grande filósofo. Morreu exilado pela comuna de Florença com a idade de cerca de LVI anos. Este Dante foi um honrado e antigo cidadão de Florença, do bairro da Porta de São Pedro e vizinho nosso. Seu exílio de Florença ocorreu por causa da vinda a Florença do senhor Carlos de Valois, da casa real da França, e ele foi banido pelo partido branco, como mencionei quando falei daquele tempo, quando ele era um dos principais membros do governo de nossa cidade, que era daquele partido, embora ele fosse guelfo. Assim, por nenhum outro motivo foi expulso com aquele partido e, banido de Florença, foi estudar em Bolonha e depois em Paris e outras partes do mundo. Foi um grande estudioso em quase todas as ciências, embora laico. Foi sumo poeta, filósofo e autor perfeito, tanto ditando como versificando ou discursando, notável orador, sumidade em poesia, dono do mais límpido e belo estilo que jamais houve em nossa língua, tanto antes do seu tempo quanto depois dele. Escreveu na sua juventude um livro sobre a 'vida nova' do amor; e depois, quando estava no exílio, compôs vinte canções morais e de amor excelentes e, entre outras coisas, escreveu três cartas notáveis: uma, enviou ao governo de Florença lamentando-se de seu exílio sem culpa; outra, enviou ao imperador Henrique quando este estava cercando a cidade de Bréscia, censurando-o por sua inação, quase profetizando; a terceira, aos cardeais italianos, quando da sede vacante após a morte do papa Clemente, instando-os a que se pusessem de acordo para elegerem um papa italiano. Todas escritas em um latim esmerado, com conceitos excelentes e bem fundamentados, que foram muito comentadas pelos entendidos. E escreveu a *Comédia*, onde com versos perfeitos e com grandes e sutis questões morais, naturais, astrológicas, filosóficas e teológicas, com belas e novas figuras, comparações e poesia, compôs e tratou tão excelsamente como pode ser dito, em cem capítulos ou cantos, da essência e da natureza do inferno, do purgatório e do paraíso. E por esse seu tratado os que têm fineza de espírito podem ver e entender aquilo. E muito se empenhou, naquela *Comédia*, em diatribes e exclamações, como fazem os poetas, talvez em algumas partes mais do que conviria, o que talvez seu exílio o tenha levado a fazer. Escreveu ademais a *Monarquia*, onde tratou das atribuições dos imperadores. Este Dante, por conta de todo o seu saber, foi algo presunçoso, desagradável e desdenhoso e, como se fosse um filósofo mal-humorado, não conversava bem com os leigos. Mas por causa de todas as suas outras virtudes, sabedoria e valor enquanto cidadão, creio que deve ser guardada dele uma perpétua memória nesta nossa crônica, com tudo o que nos deixou em suas notáveis obras literárias. Devemos fazer dele um verdadeiro testemunho e uma fama notável para nossa cidade".

108. Das características do pavão, a dos olhos sobre as plumas Boccaccio conhecia, seguramente, pela história que conta Ovídio,

nas *Metamorfoses*, I, 625 a 723. O monstro Argos, de cem olhos, foi encarregado pela deusa Hera – filha de Saturno –, a quem era dedicado o pavão, de tomar conta de uma das amadas de seu marido Zeus, para que os dois não se encontrassem, o que ele bem fazia noite e dia, dormindo de noite com cinquenta dos cem olhos abertos e de dia com os outros cinquenta. Zeus pediu a Hermes que resgatasse a amada, e Hermes, com o som envolvente de sua sirinx, consegue adormecer e matar Argos e resgatar a menina. E Ovídio conclui: "Argos, lá está você caído. A luz que iluminava todos os seus olhos se apagou e teus cem olhos ocupam hoje uma mesma noite. A filha de Saturno os recolhe e cobre com eles a plumagem da ave que lhe é cara e os espalha sobre sua cauda como pedras preciosas".

109. Ademais do andar claudicante e da voz desagradável, que são patentes, a quarta característica elencada por Boccaccio, a da incorruptibilidade da carne do pavão, deve ter sido tirada de Santo Agostinho, que, em *A cidade de Deus*, XXI, 4, diz: "Deus concedeu apenas à carne do pavão morto não apodrecer. Parece uma coisa incrível o que aconteceu conosco em Cartago. Foi-nos servido aquele pássaro assado. Ordenamos que se guardassem, pelo tempo que fosse conveniente, umas fatias do peito. Quando foram mais tarde trazidas à mesa, depois de um período de dias em que qualquer outra carne assada teria apodrecido, aquela não ofendeu de maneira nenhuma nosso olfato. Guardada novamente, depois de mais de trinta dias foi encontrada tal e qual e assim também depois de um ano, apenas de uma aparência mais seca e menor".

110. Vide nota 32.

Sobre o autor

GIOVANNI BOCCACCIO (Florença ou Certaldo, 16 de junho de 1313 – Certaldo, 21 de dezembro de 1375) foi um poeta e crítico literário italiano, especializado na obra de Dante Alighieri. Filho de um mercador, Boccaccio não se dedicou ao comércio como era o desejo de seu pai, preferindo cultivar o talento literário que se manifestou deste muito cedo. Foi um importante humanista, autor de um número notável de obras, incluindo *Decameron*, o poema alegórico "Amorosa visione" [Visão amorosa] e *De claris mulieribus* [Sobre mulheres célebres], uma coletânea de biografias de mulheres ilustres.

Sobre o tradutor

Gonçalo de Barros Carvalho e Mello Mourão é embaixador e nasceu em Ipueiras, Ceará. Estudou Letras Clássicas – grego e ingressou na carreira diplomática por concurso direto em 1976. Serviu nas embaixadas do Brasil em Roma, Argel, Londres, Assunção, Paris, Lisboa e Porto Príncipe. Foi embaixador do Brasil na Dinamarca e na Lituânia e junto à Comunidade dos Países de Língua Portuguesa, em Lisboa. Atualmente é representante do Brasil junto à Conferência do Desarmamento da ONU, em Genebra. Publicou, entre outros, os livros de poesia *Limites de ausência*, *Voando como abismos* e *Alguns outros poemas*; os ensaios históricos *A Revolução de 1817 e a história do Brasil*, *A vertiginosa espiral da racionalidade: o barão do Rio Branco e a questão do Amapá* e *O Barão do Rio Branco e o prêmio Nobel da Paz*; e as traduções da *Batracomiomaquia* de Homero, dos *Diálogos de meninas*, de Luciano de Samósata, e, pela L&PM Editores, a tradução de *Contos breves seguido de O mago apodrecido*, de Guillaume Apollinaire.

lepmeditores
www.lpm.com.br
o site que conta tudo

IMPRESSÃO:

PALLOTTI
GRÁFICA

Santa Maria - RS | Fone: (55) 3220.4500
www.graficapallotti.com.br